文脈力こそが知性である

齋藤 孝

角川新書

はじめに

『語彙力こそが教養である』（角川新書）をBS日テレの番組『久米書店』で紹介していただけることになって、その収録に行ったときのことです。

「久米書店」の店主である久米宏《くめひろし》さんが番組冒頭で、

「『語彙《ごい》』という言葉自体がなかなか書けないですよね。『薔薇《ばら》』といい勝負」

とおっしゃると、妖艶《ようえん》なる書店員の壇蜜《だんみつ》さんがすかさずこう言ったのです。

「『彙』の字でゲシュタルト崩壊が起きそう……」

この一言で私は射貫《いぬ》かれましたね。これは楽しいおしゃべりの時間になりそうだと確信しました。

どこで「ゲシュタルト崩壊」を覚えたのかと久米さんが尋ねると、

「高校の社会の先生から教えてもらいました。私が最初にゲシュタルト崩壊を体験したのは、ひらがなの『ぬ』でした」

と語る壇蜜さん。その涼やかな口調からは、これみよがしではない知性がじんわりと滲《にじ》み出ていて、なんとも素敵な感じでした。

本書のタイトル『文脈力こそが知性である』は、このときに収録に立ち会っていた担当編集者との会話から生まれたものです。現代社会において知性があるとは、こんな会話を楽しむ機会をどれだけもてるかということではないかと思ったのです。

2015年に出した『語彙力こそが教養である』は、自分の語彙力をもっと充実させたいと感じている幅広い世代の方たちに手に取っていただくことができました。語彙が豊かになると、見える世界が多彩になります。自分が豊潤になっていく実感があり、人生の楽しみが増していきます。語彙力をトレーニングしようという意識をもつことで、人生が楽しくなったという実感をもてた人が増えていたら、著者としては非常に幸せです。

この本のなかで、私は次のように述べました。

語彙は、文脈の中ではじめて活《い》きてくるものです。膨大な語彙も文脈があってこそ、たしかな教養へと姿を変えていくのです。

どんなに素晴らしい言葉や難しい言葉をたくさん覚えたところで、それを死蔵しておいたのでは意味がありません。語彙や知識は、しかるべき場で、すっと自在に使えてこそ意味があります。

語彙力を輝かせるもの、それは「文脈力」です。

「文脈」とは、単に文章の脈絡、対応関係を言うばかりではありません。文脈は英語ではコンテキスト（context）といいますが、文が（text）集まる（con）という語源のこの言葉には、前後関係や状況、物事の背景といった意味があります。会話においては、その場の状況、場を構成しているメンバー、そこで交わす会話の質といったものも含み込んだ一連の流れもまた「文脈」です。

壇蜜さんの「ゲシュタルト崩壊」という一語は私や久米さんのツボにはまりましたが、これがたとえば恋愛話で盛り上がる飲み会の場であったら、どうでしょう？　周囲の人たちの心を強く惹《ひ》きつけるワードになり得たでしょうか。そこはやはり、「語彙力」の意味を訴える本を紹介するという場だからこそ、いっそう精彩を放つものとなったのです。

言葉の効果は、「場」に合っているかどうかで決まるものです。

つまり、いま会話しているのがどういう場なのか、「場の文脈」を踏まえて適切に使うことで、その人の語彙というものは輝きを増す。「なんと知的な人なのだろうか」と思ってもらえるようになる、というわけです。

語彙力をワンランク上のスキルとして向上させていくためには、「文脈力」は欠かせません。自分のなかに蓄積されている知識、教養を、どんな場でどのように引き出せるか。「文脈力」のあるアウトプットに活かされることで、語彙ははじめて自分の知的生産の技術になっていきます。

語彙は「文脈力」があってこそ、自分自身の「知性」として表出するのです。

自分のなかに蓄積された語彙や知識を、「文脈に即して、すぐに的確に使える」ようにするにはどうしたらいいか——。

これが本書のテーマです。

こういう意味で、本書『文脈力こそが知性である』は、『語彙力こそが教養である』の姉妹編と考えていただくといいでしょう。

「文脈」に「力」をつけて「文脈力」。この言葉は、もともと私の造語です。十数年前に私が使いはじめた当時、「文脈を的確につかまえる力が大事」という認識が世の中にまだあまりありませんでした。そこで私は、**「文脈をつかまえる力」や「文脈をつなぐ力」というものを一つの概念として提示したいと考え、「文脈力」というようになった**のです。

最初に本に書いたのは2004年、『コミュニケーション力』（岩波新書）でした。続いて角川書店から『「頭がいい」とは、文脈力である。』という本を出しました。

それから十数年が経ち、時代状況も変わりました。何事もしつこく言いつづけていると次第に浸透していくもので、最近は「文脈力」の重要性に対する認識もかなり広まってきているように思います。

そこで、語彙力を支える重要概念であり、いまの社会における知性のあり方として、あらためて「文脈力」という概念をアップデートして再提起したいと考えました。そういう意味では、『「文脈力こそが知性である」』は、『「頭がいい」とは、文脈力である。』と『語彙力こそが教養である』との三部作ともいえます。

知性とは、他者と比較したり誇示したりするためのものではなく、自分自身を幸せにしていくためのワザです。知性があるほど、人生をより豊かに味わい深くしていくことができます。それは、自分自身を幸せにするだけでなく、関わり合う他者を幸せにすることでもあります。

本書が、あなたの語彙力、文脈力磨きに役立つとともに、あなたの中の「知性」の定義を揺さぶる一書となることを願って上梓《じょうし》します。

目次

第3章　場の文脈、人の文脈、時代の文脈　65

第4章　文脈力で会話は変わる　87

第5章　知性を磨く日々の習慣 119

第7章　自分の文脈をもって生きる

第1章　知的であるとは何か

今日的な「文脈力」とは

まずは、私の考える「文脈力」とは何かの定義をはっきりさせておきましょう。

言葉（語句）は、他の言葉とつなげて文にすることで、そこに意味が生まれます。文と文をつなげることで意味は連なり、展開します。文章とは、一文一文がつながりをもつ「意味の織物」のようなものです。

その**連なる意味を的確につかまえる力が「文脈力」**です。

文章を書く場合、文脈に論理的なつながりや一貫性がないと、意味がきちんと伝わりません。レポートや報告書にしても、自己PR文にしても、あるいは日常的な連絡メールにしても、伝えたいことを相手に正しく理解してもらうには、文脈を考えて構築していく力が必要です。

もちろん、読むときにも文脈力が要求されています。この場合は、すなわち読解力です。文脈を読み解く力があれば、少々わかりにくい文章であっても、前後関係から「こういうことを言わんとしているのかな」と推測して、そこから意味を汲《く》み取ることができます。

文脈力が求められるのは、文章の読み書きだけではありません。会話をはじめとするさまざまなコミュニケーションにおいて、私たちは言葉をやりとりしています。相手は何を伝えたいのか。それにどう対応したらいいのか。意味をつかまえ、理解して、反応したり返事をしたりしているわけですが、意味をつかまえそこねると、ピントはずれな対応になってしまいます。

そもそも話し言葉というのは、書き言葉のように文脈がかっちり構築されていないうえに、省略も多い。しかも言った端から消えていくものですから、瞬発的な判断力が必要とされます。これも文脈力です。

加えて、近年はスマートフォンの普及、ＳＮＳやコミュニケーションアプリの隆盛により、みんなが「文字で会話をする」ようになりました。言葉が断片的になるほど、理解の橋を架けるには文脈力が要ります。たとえば、ＬＩＮＥで送られてきた相手の短い言葉にどんな気の利いたスタンプを返すか、そのセンスも一つの文脈力だといえます。

誰もが当意即妙にレスポンスすることを求められるようになったいまの時代、私たちはこれまで以上に文脈力の大切さを意識する必要があるのです。

そこで、**語彙《ごい》力とともに、文脈力に対する意識をもっとはっきりもとう、もっと文脈力を意識して生活しよう**、というのが本書のねらいです。

自分の文脈力のレベルに気づこう

人とのコミュニケーションで文脈がかみ合わないことが度重《たび》なると、相手を不快にさせてしまいます。ところが、そういう人ほど自分の文脈力の欠如に気づかない、ということも少なくありません。

「おまえ、空気読めてないよ」と率直に指摘してくれる人がいたらそれはラッキーなことで、たいていの場合は本人に直接伝えられないまま、「あ～あ、こいつまただよ……」と思われているのがオチです。

なぜ本人に言いにくいのか。

それは「頭、悪いよ」と宣告するようなものだからです。

知らずしらずのうちにそんな評価をされてしまわないよう、自分の文脈力に自覚的でありたいものです。

あなたの文脈力が日常的にズレを引き起こしていないか、自身で確認するための質問を三つ用意しました。

Ｑ１　日常会話やメッセージのやりとりの際、相手から聞き返されることがよくありませんか？

話をしているときには「聞きとりにくかった」ということも考えられます。しかし、けっこう頻繁にある場合、問題は声ではなく文脈力かもしれません。とくに、メールやＳＮＳなど文字で会話をしているときに問い返されることが多いとなると、日常的に文脈のかみ合わない対応をしてしまっている可能性があります。

Ｑ２　身近にいる職場の上司や同僚一人ひとりについて、雑談をするとき「この人にしてはいけない話、ＮＧワード」を書き出せますか？

雑談というのは、互いの関係性を良好にするために交わす会話です。相手の触れてほしくない話は避けるのが文脈の読める人の行動です。そのためには、その人のＮＧワードがわかっていないといけません。そこに気づけていないとすると、あなたは普段から虎の尾を踏んでしまっているかもしれません。

Ｑ３　人前で話をするとき、あなたは制限時間によって話す内容を変えることができますか？　また、聴く人に合わせた話し方ができますか？

「そんなの、できて当たり前じゃないか」と多くの人が思っています。しかし実際にはできていない人がどれほど多いか。高学歴で知的レベルが高いと見なされている人でも、できない人がたくさんいます。

たとえば、シンポジウムや会議などで、「プレゼンは一人10分以内でお願いします」と言われているにもかかわらず、まるで90分の授業をするような話を始めて、途中で事務方から急《せ》かされ、中身をはしょって尻切《しりき》れとんぼで終わり、それでも大幅に時間をオーバーする、というような人はたくさんいるのです。たとえ非常に専門的で高度な話をしていたとしても、つねにそのやり方しかできないのは文脈力に欠けています。

あるテーマについて、３分でも10分でも90分でも相手が理解できるような説明ができるか。これは大事な文脈力です。

同様に、相手によって話し方を変えられるかどうかも大事なことです。

ある程度専門的な知識をもった人が集まっている席で話すときと、まだ社会経験のない大学生に話すとき、あるいは小学生に話すとき、それぞれ話し方や内容を変えることができるかどうか。聴く人の理解度を考えて、門外漢の人にも興味をもてるように、子どもにもわかるようにアレンジして話せるのが文脈力のある人です。

小学生に何か話を聞かせたいという場合、いちばんの目的はそのことについて子どもたちに関心をもたせること、面白いと思わせることです。相手に合わせて語彙のレベルも変えられるというのは、大切なコミュニケーション技術です。つねに専門的な小難しい語彙でしか話せないのは、自分の価値観から離れられない、あるいは自分のものの見方から離れられない、頭が固い人の特徴です。

さて、あなたの文脈力は大丈夫ですか？　いまの自分はどの程度できているのか、いないのか、振り返ってみてください。

4段階の頭のよさ

『「頭がいい」とは、文脈力である。』のなかで、私は頭のよさを次の四つに分類しました。

Dランク　記憶したことを再生できる
Cランク　記憶に基づいて自分の言葉で再構築できる
Bランク　知識や情報を組み合わせて、そこからアイデアを出せる
Aランク　新たな概念や型、方法を生み出せる

テストがよくできて学校の成績がいいというのは、「記憶したことを再生できる」だけですから、Dランク程度のこと。もちろん覚えられないより覚えられるほうがいいのですが、教科書を丸覚えできていたとしても、その知識を実社会で活用していくことができないとしたら、それは活《い》きた知識であるとはいえません。

先ほどのセルフチェックの「制限時間によって話の内容を変えられる」とか、「相手によって話し方や語彙を変えて説明できる」というのは、Cの「自分の言葉で再構築できる」レベルです。自分のなかに蓄積されている記憶を、ただコピー&ペーストするようにアウトプットするのではなく、そのときどきの文脈に即して、自在に編集・アレンジをしてアウトプットすることができる知性がある。実社会で役立つ頭のよさというのは、この

Cランクについて指す場合がほとんどだといえます。

Bランク、Aランクについては、後ほどさまざまな例を出してお話ししていきますが、ざっくりいえば、Bランクの知性とは、新しいものを生み出す「アイデア」を出せるレベル、Aランクの知性とは、既存概念を書き換えるような発見や発明を刻むことができるレベルです。

頭のよさの本質は知識の集積にあるのではなく、集積された知識に基づいて何ができるのかにあるというのが私の考えです。

「知性を磨くために何をしたらいいと思いますか？」と聞くと、多くの人が、本を読む、新聞を読む、語学を習得する、資格取得の勉強をする……といったことを挙げます。しかし、「どうなりたいと思ってそれをやるのか」が明確になっている人はそれほど多くはありません。

大事なのは、知性を磨いて自分はどうなりたいのか。

読書も語学も資格取得も大切なことではありますが、それをやっていれば知的になれるわけではありません。それらはあくまでも知性を身につけるための方法論にすぎず、目指すべきところではありません。

では、知性を獲得して目指すべきところとは何か。

やはり、新しいアイデアや新しい意味を生み出せるようになることだと思うのです。

知性とは「物事をつなげる力」だ

近代哲学の基礎を築いたデカルト（1596〜1650）。高い知性の持ち主であったことに異論のある人はいないと思います。

私たちはデカルトを哲学者として認識していますが、彼は数学者でもありました。

わかりやすいところでいえば、既知数を表すa、b、c、未知数を表すx、yなどの記号化表記や、累乗を示す「x^2」という書き表し方を考えついたのはデカルトです。x軸とy軸を使った直交座標のことをデカルト座標と呼びますが、こういった座標という考え方のもとを築いたのもデカルトです。それまでにはなかった概念を生み出しているんですね。

これが私の考えるAランクの知性です。

デカルトは、その数学的な思考法を自らの基本の「型」として、哲学というものを捉《とら》えていきました。デカルトのなかでは、数学と哲学はつながっているものだったのです。いえ、人体のことも、社会のことも、人間の心の働きもつながっていました。なかには、

「今日的視点からすると、この部分はちょっと無理があったんじゃないの？」と言わざるを得ないところもありますが、デカルトがあらゆることをつなげて、非常に広範囲にわたる考察力を発揮してくれたことで、近代哲学というものができあがっていったのです。

さかのぼれば、古代ギリシャの哲学者はいずれも博学でした。哲学（フィロソフィー）の語源となった「フィロソフィア」とは、「知を愛す」姿勢を指していたというだけあって、古代ギリシャの賢哲は知の領域がたいへん広かったのです。

なかでもすごいのが、アリストテレス（ＢＣ３８４～ＢＣ３２２）です。哲学、倫理学、論理学、自然学、政治学、詩学、宇宙論、気象論、動物論、霊魂論……、じつにさまざまな領域について知の体系整理をし、「万学の祖」とも呼ばれました。この世界のことを、あまねくつなげて説明しきろうとしたのです。

あるいは、ニュートン（１６４２～１７２７）の万有引力の法則を考えてみてください。現象として「物が落ちる」のは、誰もが見ています。しかし、物が下に落ちる現象と、天体がどういう運行をしているかということをつなげて考えてみるということを、普通はしないわけです。ニュートンはそこをつなげて考えた。ものすごい発想力です。

アインシュタイン（１８７９～１９５５）も同じです。アインシュタインの発見した方程式「$E=mc^2$」の何がすごいかというと、物質のもつ質量はエネルギーに変換できる、「質量×光速の2乗」でエネルギーと質量がイコールで結ばれる、という点が画期的だったのです。この式にあてはめて考えることで、これまでよくわからなかったことが、いろいろ説明がつくようになりました。しかも、こんなシンプルな、美しい等式にできてしまった。加えてこの方程式は、その後さまざまな発見・発明を導き出すことになります。だから世界一有名な方程式になったのです。

創造的知性の持ち主である偉人、先人のなしとげてきた仕事は、どれも「つなげる」ということです。

つながっていないものをどうつなげて考えることができるか。――それを探究することこそが、知性の根源的なあり方だと思います。

しかも、いま挙げた偉人たちの功績はすべてつながっています。

デカルトの「われ思う、ゆえにわれあり（コギト・エルゴ・スム）」という着想は、キリスト教的な世界観から脱して、科学的なものの見方をしようとする近代的自我の萌芽とされています。

同じように既存の世界観を疑う風潮のなかで生まれた、質量の重いものほど速く落ちるというアリストテレス以来の考え方に対する疑問が、実験と観察を重んじるガリレオ・ガリレイ（１５６４〜１６４２）の方法につながり、ニュートン力学のもととなります。そして、ニュートン力学を補強するものとしてアインシュタインの特殊相対性理論や量子力学が生み出されたのです。

さまざまな発見、発明、学問というものは、つながりを見出すなかで発展してきたものです。

つながり、意味が生まれるところには喜びがある

知性とは、さまざまな物事をつなげて考えられることだと考えると、頭の中はクリアになります。

つながりを見出せると、人間はうれしくなります。つながりが見つかるということは、真っ暗な森のなかでどこに向かって歩いたらいいのかわからないときに、光明が差してくるようなものです。パッと明かりが灯《とも》ったような明るさを感じ、喜びが湧きます。

いろいろなものがつなげられるということは、明かりがあっちでもこっちでも灯り、視界が明るくなるようなもの。脳の働きが活性化していて「頭のいい」状態の人は、その頻

度が高いのです。

私は、**頭のよさとは基本的に「状態」である**と考えています。**頭のいい人、悪い人がいるのではなく、誰にも「頭のいい」状態のときと、そうでないときとがある。**その「頭のいい」状態とは、何かが何かとつながったときだと思います。

アインシュタインのような天才が「$E=mc^2$」を思いついたときだけがパッと明かりが灯る瞬間ではなく、たとえば分数のかけ算ができなかった子どもが、できるようになったときの「あっ、わかった！」「できた！」といううれしさもまた、意味をつかまえられた喜びです。誰もがそういう瞬間を知っているわけです。

その喜びをもっと味わいたいと考える人は、**頭のいい状態を増やしていく努力を積み重ねていける。それが知的な人なのです。**

人生にはさまざまな喜びがありますが、「ああ、つながった！」というのは、最高の喜びの一つだろうと私は思います。

アポロ11号が月面着陸を果たしたのは、１９６９年のことでした。ジュール・ヴェルヌの『月世界旅行』などが好きだった小学生の私は、それまで想像の世界の話でしかなかった「人類が月に行く」という出来事が現実に起きていることにとても興奮し、食い入るようにテレビを観ていました。子ども心にも歴史的瞬間に立ち会ったという強い印象が残りました。

その翌年、1970年に大阪万博が開かれ、アメリカ館でアポロ11号の持ち帰った「月の石」が展示されました。それを見たい一心で、私も静岡から大阪に連れて行ってもらい、長い長い行列に並んで、月の石を見ました。たかが石でも、それが人間によって月から採集され、こうして自分の目の前にあるのだと思うと、知的興奮をかき立てられたわけです。

何か自分も「アポロ計画」の一端にいるように思える。「アポロ計画」という文字が新聞に見えると、子どもでも新聞を読もうとする。本を読んで、少しずつ知識、情報が蓄積されていく。

自然と、宇宙とか重力のことにも興味が湧くようになってきます。ニュートンのやったこと、アインシュタインのやったことなども知りたくなる。それを理解するということは、その天才的な「知」が自分のなかに流れ込んでくることですから、そこに感動があります。「すごいなあ、これとこれが、こうつながっていたんだ」「ああ、わかる、わかる」という喜びがあり、自分のなかの知性のトビラが一つ開かれた感じがする。そうやって世界がどんどん明るく見えてくるようになるわけです。

宇宙開発までは興味を持てなくても、織姫と彦星による七夕伝説を知っていれば（牛郎織女）、7月7日に見上げる天の川は特別なものに見えてくるでしょう。八十八星座を知っていれば、点在する光をつなげて星空を愉しむことができますし、ギリシャ神話の素養があればそこからさまざまなストーリーを思い起こすこともできます。文脈力とは物事に深い意味を見出す力でもあります。

私は幼いころから宇宙に特別な思いがあったわけではありませんが、こういう一連のつながりのなかで得た知的探究の喜びというのは、自己形成に影響していると思います。

興味・関心のアンテナは縦横無尽に伸びているか

何かに興味・関心をもつということは、そこに自分の文脈を関わらせることです。いま自分が生きている時代に起きているさまざまなことに対して、全然関心がもてない、自分の外側のこととして流れ去ってしまうのは、とてももったいないことです。

世の中に関心がもてないという状態が、人生をつまらなくしてしまうのです。いろいろなニュースを聞いても、関心がもてない。ほとんどのことが自分とは関係のない世界のこととして通り過ぎてしまうとなると、自分と社会をつなげていくこともできなくなってしまいます。この世に関心がもてなくなることは、気分を落ち込ませます。

多くのことに関心がもてる人は、人生で味わえる喜びや楽しみのタネも増えます。それだけ人生に深みが増していくのです。

社会で起きている出来事に対して、自分を関わらせるという意識をもつと、だんだん身近なものになり、それ自体が関心事になっていきます。

ビートたけしさんや所ジョージさんとテレビ番組でご一緒することがあるのですが、お二人とも本当に興味・関心の幅が広いんですね。

所さんの番組で、海外から見た日本の魅力を紹介するものがあったのですが、「根付(煙草入れや印籠《いんろう》の紐《ひも》の先につけた細工物)」をテーマにした回では所さんはびっくりするほど詳しかったんです。自分でもいろいろ集めていると言っておられました。

また、割れた茶碗を修繕し、金箔《きんぱく》を施す「金継ぎ」の技術を取り上げたときには、「俺も金継ぎ、やるよ」とさらりと言ったんです。

所さんがアメ車をはじめアメリカンカルチャーにたいへん詳しいことは知っていましたが、日本の伝統工芸文化にもこんなに関心をもっておられたことに驚かされました。

たけしさんとは情報ニュース番組によく一緒に出演させてもらっていますが、世の中のことをじつによく知っていて、話の引き出しが多く、CMの間にされる話でさえとても面白いのです。

お二人を見ていると、何かのきっかけで出会ったことには、何でも興味をもってみるというスタンスがあるように思われます。興味があるから自分を関わらせていくというのではなく、**関わりができたことには全部興味をもつ。何でも自分ごととして受けとめてみる。**「おお、これはこういうところが面白いな」とか「これは、ここがすごいな」という魅力を見つけ出す。要するに、自分につなげられるものを探し出してしまうのです。

そうやって自分を一度関わらせてみる。自分につながりがあるものと感じられると、無関心ではいられなくなります。好奇心のアンテナがどんどん広がり、感度もよくなっていきます。

出会ったものは逃がさない

「ヒッグス粒子」を知っていますか？

ざっくりいうと、重力をつかさどる量子のことです。これまで、重力をつかさどると考えられる素粒子があるということは、理論上の仮説でしかありませんでした。ところが、

２０１２年にそのヒッグス粒子が観測されたのです。約50年前にこの理論を打ち立てたヒッグス博士は、２０１３年にノーベル物理学賞を受賞しました。

ヒッグス粒子の発見というのは、関心をもっている人にとっては「おお！　ついに見つかったか」と感動するようなことなんですね。これにより、物理の世界にはまた新たにエキサイティングなつながりが見つかる期待が高まっています。すごいニュースなんです。

しかし、興味のない人、知らない人にとっては、「ふ～ん、それがどうした？」とスルーされる話でしかありません。無関心であるということは、その事柄のもつ意味に気づけないということ、その事柄のすごさ、面白さがわからないということなのです。

たとえば、いまこれを読んで「ヒッグス粒子って何だ？」と思って、ググってみた人は、多少なりともヒッグス粒子という話題に自分を関わらせたということになります。そうしたら、「へえ、ああそう」で終わりにしてしまわないで、ヒッグス粒子という言葉にネットや新聞で出会うたびに、それに目を通すようにします。８割方理解できなかったとしても、それでかまいません。関心をもって情報を見ていくことが大事なのです。すると、いつしかもうヒッグス粒子がらみの情報が自然に目に留まるようになり、スルーすることはできなくなっている自分を感じるでしょう。

知的好奇心を旺盛《おうせい》にして興味の幅を広げていきたいと思うならば、「たまたま出会ったものを逃がさない」ようにするのがコツです。

知性と柔軟性

知性とは「つなげていく力」――、この認識を私は皆さんと共有できるようにしていきたいと考えています。

私の抱いている知性のイメージは、神経細胞のシナプスがパチパチパチパチと連鎖的につながってスパークし、祝祭的な感じになるイメージです。いろいろなことがつながって、つながって、「えっ、そんなことまでつながるの?」と思うようなことまでつながっていく。

講演を聴いていても、対談やインタビューをさせていただいても、あるいは普通に対話していても、知的な人の話というのはそうやってつながっていくのです。話題が豊富で尽きない。

しかも、それが自分のなかで完結したものになっていないんですね。こちらから投げかけた言葉に反応して、その人のなかでさらにシナプスがパチパチつながって、新たなつながりの話に発展していったりするのです。私の問いかけが刺激になって出てきたのかなと思うと、こちらもうれしくなって、話がどんどん盛り上がります。

知的であるということは、柔軟であることだと私は思います。いかようにもフレキシブルな対応ができる。つなげていく力があるから、どこへでも行けてしまうという心の余裕がある。そういう強さでしょう。

非常に物知りだけど、話をしていてあまり面白くない人もいます。なぜなのか。一つには、いろいろなことを知ってはいるけれど、知識が細切れになってしまっている。つながりのあるものとして話の内容がふくらんでいかない。つながりが聞き手の想像力を働かせ、脳をワクワクさせてくれるのですが、それがない。こういう人は、「物知りですごい」とは思いますが、「知的だ」とは感じにくいですね。

また、何を聞いても、自分の専門テリトリーから出てこようとせず、つながりのある話も、ある枠のなかでグルグルしているだけ、という人もいます。要するに、固着している。こういう人も、知的な感じがしません。

一つの主義に拘泥するなかれ

特定の世界観に固執して、狭く偏ったものの見方、考え方の枠のなかだけで生きていこうとするのは、いまの世の中に適応しにくいと思います。

かつては主義主張を明確にもって、自覚的に、先鋭的に生きることがよしとされた時代もありました。

たとえば、戦後長らく、日本において知識人と呼ばれた人々の多くがマルクス主義を支持していた時代がありました。私が東大の教養学部の学生だった1980年前後には、マルクス主義の影響を色濃く受けた先生方が多く、参加した講義の先々でその洗礼を受けました。

マルクス、エンゲルスが共産党宣言を書き、「万国の労働者よ、団結せよ」と言いました。国というよりは、プロレタリアートが世界的に手を結んで、新しい平等な世界をつくるという理想を掲げたわけですが、現実としてはソ連のような国家ができ、そこにスターリンのような怪物が現れてしまったのです。

本来は人権への意識が高かったはずなのに、社会主義、共産主義の国家ができてみれば、それは個々の人権を無視したものになってしまっていました。ロシア革命が始まったとき、マックス・ウェーバーは、「この構造は官僚支配になるから絶対に失敗する」と予見し、まさにその通りになりました。そしてソ連は潰《つい》え、いま中国は事実上、資本主義的な面が強くなっています。

一方で、マルクス主義を知らないで毛嫌いするというのは、それも知的な態度であるとはいえません。というのは、労働者の権利を守るために労働運動があって、そして労働運動が法的に認められて、団体交渉権や、ストライキの権利などが派生したからです。そのように労働者の生活が守られてきた歴史の中には、マルクス主義的な考え方が生きています。

ある時点での理念はよくても、歴史が動きつづけるなかで、それがずっと最良であるとは限りません。世の中に不変・不滅のものはないわけで、どう変化し、いまどうなっているのか、つねに見定めて自分の認識も更新していくことが必要です。それをしないで、若いころに身につけた「〇〇主義」で一生行くと決めこんでいる人は、思考停止状態、頭が硬直化していきます。

現実に即して、いいところとよくないところとの見極めは冷静にしなければいけない。むしろ「是々非々」のスタンスが大事なのです。

知性というのは、柔らかさが特徴です。柔らかさがあるからこそ、さまざまなことに関心をもち、つなげていくことができる。臨機応変な判断力を失わないようにして、現実に柔軟に対応していく姿勢が望ましいと思います。

第2章　その一言に知性は滲み出る

笑いのセンスも文脈力だ

お笑い芸人さんが集い、出されたお題に瞬発的に答える『IPPONグランプリ』という番組があります。いわゆる大喜利です。私はこの番組が大好きで、毎回見逃さないように気をつけているのですが、あるとき「写真で一言」というコーナーで、かなり毛深い男性の写真が出てきました。それ自体は、別に笑いが起きるような面白いものではありません。それをどう笑いにつなげるかに、出演するプロのワザが試されます。

バカリズムさんがこう答えました。

「三日月だとこのくらいだよ」

見事「IPPON!」をとりました。

これ、何が試されているかというと、文脈力が試されているんですね。

いろいろな写真を見て、瞬発的に面白いことを言うにはどうするか。写真そのものは、文脈から切り離されているものとして存在しています。「変な顔をしたおじさん」だったり、「おかしな恰好をした動物」だったり、どれもあまり普通ではない写真ですが、それを「何と」「どう」つなげることで笑いを起こすか、その文脈力を問うているのです。

狼男というと、満月の晩に現れます。写真の男性はたしかに毛深いけれど、狼男というには遠い。そこまでになりきれていない狼男の状態という文脈を見出し、バカリズムさんは「三日月」という語彙《ごい》をあてはめたわけですね。そう言われると、もうそうとしか見えなくなってくる。「三日月だとこのくらいだよ」という言葉によって、1枚の写真にみんなが笑ってしまうような「意味」が生み出されたのです。

これは、もちろんみんなが狼男の話を知っているという前提で成り立つ笑いです。狼男は満月の晩に現れるという伝説を知らない人には、この面白さは伝わりません。笑いやユーモアというのは、何か別文脈のものが下敷きとしてあって、それとのズレやギャップを感じるところに巻き起こります。

それを瞬発的にできる。その技術、その腕で人を楽しませることができるというのは、きわめて知的であるということです。

死蔵していては意味がない

現代は、「会話力」の時代だと思います。インターネットを通じて全世界の人と瞬時につながることができます。起きてから寝るまでずーっとSNSでコミュニケーションをとりつづけている、そんな人もけっして少なくありません。間違いなく処理する情報は増えていますし、それを発信する機会も多く求められるようになってきています。

だからこそ、その都度会話の流れに合わせて、適切に返す力が求められます。そしてその基礎になるのが、適切な言葉を適切に使えること、すなわち語彙力です。

語彙は上手に活用してこそ価値を発揮します。宝の持ち腐れにしてしまっては意味がありません。前著『語彙力こそが教養である』では、語彙を定着させるための八つの手法をご紹介しました。

①馴染《なじ》みのない言葉は、オウム返しして自分の口から発してみる
②最低5回は繰り返しアウトプットする
③身につけたいフレーズのセレクト音読をする
④素読の要領で、まるごとその文章を身体に刻み込む
⑤漢熟語は小テスト方式でこまめに確認して蓄積する
⑥落語やお笑いの面白いフレーズを完コピする
⑦一緒に語彙力を磨く相手を見つけ、トークのラリーをする

⑧この表現はどう言い換えられるかを考える

大事なのは、アウトプットを意識してインプットをすることです。東京大学薬学部教授で脳研究者の池谷裕二《いけがやゆうじ》さんによる『自分では気づかない、ココロの盲点』（講談社ブルーバックス）で読んだのですが、脳は入ってきた情報を「記憶すべきかどうか」を出力の頻度で判断するそうです。ですから、よくアウトプットするほど記憶に定着しやすいのです。ロシア語の同時通訳者として活躍されていた故米原万里《よねはらまり》さんも次のような言葉を遺《のこ》されています。

消極語彙、積極語彙という概念をご存じだろうか。語彙に限らず、知識は一般にパッシブなレベルで身についたものと、アクチブなレベルにまで達したものと、大きく二つに分けることができる。そしてどんなに逆立ちしてみたところで、積極的知識が、消極的知識を上回ることはない。読めば分かるけれども、書こうと思うと書けない漢字は山ほどある。森鷗外《おうがい》の文章を読んで、感動するほどまでにそれを理解できても、では森鷗外並みの文章を書いてみろ、と言われて、果たせる人はそういるものではない。

要するに、消極的な知識とは、他人が話したり、書いたりしたものを理解できる、受け身の知識や語彙を意味し、積極的知識とは、自ら話したり書いたりする際に能動的に使える語彙や知識を指す。

『不実な美女か貞淑な醜女《ブス》か』（新潮文庫）

この話は通訳、翻訳をする人間は、その言語を積極語彙のレベルまで磨かなくてはいけないという文脈で書かれたものですが、母語である日本語の力を磨くのも同じことです。

能動的に使える「積極的知識」「積極語彙」にしておかなくてはいけません。

いつでもさっと取り出して使える技術にしておくこと、そのためにはアウトプット習慣が大切です。「話す」「書く」ことを通じてよく使ってみるほど身につくのです。

一連の文脈のなかで覚えるのが効率的

語彙を効率よく増やしていくには、言葉を単体でバラバラに覚えるより、ひとまとまりのつながりのなかで覚えてしまうやり方のほうがお勧めです。

英語の学習法でも、近年は文脈で覚えるやり方がいいといわれるようになりました。

たとえば、大学受験用の参考書で『速読英単語』（Z会）というシリーズがあります。まず英語の長文例があり、その全文和訳があり、その文章のなかでキーワードとなる重要な単語についての単語解説がある。文意、文脈を理解しながら、単語の意味を覚えられるという構造です。単語には複数の意味が付きものですが、これだと「この文脈のなかではこういう意味で使われるんだな」ということもわかります。

実用的なかたちで使える語彙を増やしたい、しかも語彙だけでなく文脈の力も磨いていきたいということになると、こういうやり方がいいわけです。

そういう意味では、**「ある世界観にはまる」**のはすごくいいことだと思うんですね。語彙の一本釣りをするのではなく、その世界観のなかで一網打尽にしてしまうのです。

ドラマ『半沢直樹《はんざわなおき》』が爆発的にヒットしたとき、あの番組にはまった人はみんな一気に金融業界の用語に詳しくなったのではないでしょうか。

「迂回《うかい》融資」「護送船団方式」「裁量臨店」「実破《じっぱ》」「根抵当権《ねていとうけん》」「引当金」……新しく登場する専門用語の解説もありましたし、その事柄がどういうことを意味するのか、ストーリーのなかで出てくるので、因果関係としても構造的にも理解しやすいものでした。文脈のなかで金融用語を理解することができたのです。

相前後して、ドラマの原作となった池井戸潤《いけいどじゅん》さんの『オレたちバブル入行組』『オレたち花のバブル組』(文春文庫)を読み、知識の裏打ちをした人も多かったでしょう。

専門的な領域をしっかり描いた小説、ドラマ、映画などを通してその世界に馴染むことで、そこならではの語彙に触れる。これは、誰でも無理せずできる勉強法です。

マンガのなかにも、固有の世界観が見事に描かれ、内容が充実している作品がたくさんあります。たとえば、『闇金ウシジマくん』(真鍋昌平　小学館)はその名のとおり闇金融という裏社会を扱ったもの。ドラマ化、映画化もされている人気作品で、闇金融の実態、隠語も含めた専門用語など、一般の人がなかなか知り得ないワールドに触れることができます。あるいはまた『へうげもの』(山田芳裕　講談社)のように「お茶」という切り口から戦国武将たちの姿を描いているものからは、合戦を軸とした戦国ものとは違う語彙や世界観を知ることができます。

知らなかった専門的な語彙に馴染むと、文脈がより把握しやすくなって、その作品世界をいっそう楽しめるようになります。

つなげるための最強の武器「引用」

何かを読んでいて、あるいは誰かの話を聞いていて、ハッとさせられるような言葉に出会うことがあると思います。気づきを与えてくれる。非常に共感できる。「うまいこと言うなあ」と感心する。そういう言葉を聞き流してしまうのはもったいないことです。線を引いておく、メモを取るなどして、自分の言語のプールにすくい上げておいてください。

それは自分を後押ししてくれる言葉になります。

「引用」するということは、他の人の知性を媒介にして自分の思っていることを表現できるようになるということです。

自分の表現力だけではうまく言い表せないことも、「引用」を用いることで伝えられる。自分を後押ししてくれる言葉をたくさんもっている人は、強力な援軍をもっているようなもの。しかも、その言葉の発信者と自分とをつなげていくことができるわけです。

「後悔するような結果にしたくないので、全力でがんばります」

と言うのと、

「『我、事において後悔せず』という宮本武蔵《みやもとむさし》の心意気でやります」

と言うのでは、どちらの言葉にインパクトがあるでしょうか。

後者には、宮本武蔵という偉大な剣の達人の言葉の力が加味され、グッと強くなる。宮本武蔵と何かつながりがあるわけでなくても、心の師の一人というつもりで言葉を引用させてもらうことで、武蔵に私淑する精神上の弟子となれるのです。

「自己本位で腹を決めてやる」

あなたがなにげなくこうつぶやいても、それに反応してくれる人はあまりいないかもしれません。しかし、

『自己本位という言葉を自分の手に握ってから大変強くなりました』と夏目漱石《なつめそうせき》の『私の個人主義』にも出てくる。これに強く共感する」

となると違ってきます。あなたの発言が『私の個人主義』を読むことで出てきたものだとなると、夏目漱石の知性にバックアップされて、言葉に深み、奥行きが出てきます。

言葉の奥行きは「by○○（○○によれば）」で深まるのです。

引用力があると、古今東西のさまざまな言葉の発信者を師と仰いだり、味方につけたりすることができます。これは非常に心強いこと。言葉の力をつけていくうえで、最強の武器になります。心に響いた言葉は、引用という方法で積極的にアウトプットするクセをつけましょう。

ゲーテが晩年、青年エッカーマンを相手に文学や芸術、人生のことなど示唆に満ちた話

をしている『ゲーテとの対話』という本があります。そのなかで、ゲーテは次のように語っています。

シェークスピアは、あまりにも豊かで、あまりにも強烈だ。（中略）銀の皿に金の林檎をのせて、われわれにさし出してくれる。ところがわれわれは、彼の作品を研究することによって、なんとか銀の皿は手に入れられる。けれども、そこへのせるのにじゃがいもしか持っていない。これではどうにも恰好《かっこう》がつかないな。

『ゲーテとの対話（上）』（エッカーマン著　山下肇訳　岩波文庫）

この表現のかっこよさに私はしびれました。こんな表現でたとえ話ができるのが知的な人ではないでしょうか。

あのゲーテの言葉が「じゃがいも」になるならば、私たちの言葉はどれほどのものなのか。銀の皿に盛りつけて出すに似つかわしいような言葉は、そうそう出てくるものではありません。

だからこそ、先人たちの素晴らしい言葉を引用させてもらうのです。

文豪・谷崎も「by〇〇」を使っている

谷崎潤一郎《たにざきじゅんいちろう》の『陰翳礼讃』は、「陰翳《いんえい》（陰影）こそが日本文化の本質である」という主張でまとめられた随筆です。能や歌舞伎の装束の話、女性の化粧の話、日本家屋の造りから明かりの取り方、器や食べ物……ほの暗さのなかの陰影を切り口として、話は縷々《るる》と続いていきます。そして漆の器から羊羹《ようかん》の話になり、羊羹がいかに奥深い幽玄な美しさをたたえているかという展開になっていきます。

……玉《ぎょく》のように半透明に曇った肌が、奥の方まで日の光りを吸い取って夢みる如きほの明るさを啣《ふく》んでいる感じ、あの色あいの深さ、複雑さは、西洋の菓子には絶対に見られない。クリームなどはあれに比べると何と云う浅はかさ、単純さであろう。だがその羊羹の色あいも、あれを塗り物の菓子器に入れて、肌の色が辛うじて見分けられる暗がりへ沈めると、ひとしお瞑想的になる。人はあの冷たく滑かなものを口中にふくむ時、あたかも室内の暗黒が一箇の甘い塊になって舌の先で融けるのを感じ、ほんとうはそう旨くない羊羹でも、味に異様な深みが添わるように思う。

『陰翳礼讃』（中公文庫）

陰影というつながりで日本文化を語りながら、羊羹までもくし刺しにしてしまう文脈力。そしてこの表現力。羊羹一つで、よくぞここまで書けてしまうものです。

面白いのは、この羊羹の描写に入るところです。いま紹介したくだりの前に、こうあるのです。

かつて漱石先生は「草枕」の中で羊羹の色を讃美しておられたことがあったが、そう云えばあの色などはやはり瞑想的ではないか。

（同前）

谷崎は、「漱石先生も羊羹を讃美しておられたではないか」と漱石を持ち出し、さりげなく箔付《はくづ》けをしているのです。漱石も感じていたことだとなると、谷崎潤一郎の価値観の上に夏目漱石の価値観が重なり、「漱石×谷崎」の付加価値がついて、ますます説得力が生まれるのです。

つまり、**価値とは意味づけ**なんですね。

では、その漱石は『草枕』のなかで羊羹をどう表現しているのでしょうか。確認してみましょう。

あの肌合《はだあい》が滑らかに、緻密《ちみつ》に、しかも半透明に光線を受ける具合は、どう見ても一個の美術品だ。ことに青味を帯びた煉上《ねりあ》げ方は、玉《ぎょく》と蠟石《ろうせき》の雑種の様で、甚だ見て心持ちがいい。のみならず青磁の皿に盛られた青い煉羊羹は、青磁のなかから今生れた様につやつやして、思わず手を出して撫《な》でて見たくなる。西洋の菓子で、これ程快感を与えるものは一つもない。

『草枕』（新潮文庫）

谷崎は、漱石の表現から明らかに刺激を受けています。二つの文章を味わい比べてみると、漱石の手にかかる羊羹の描写は、いかにも漱石らしい文体で表現されている。いっぽう、谷崎の手にかかった羊羹も、じつに谷崎らしい文体で言い表されている。両者の語彙の違いもわかります。

もし、『陰翳礼讃』を読みながら、『草枕』のこの場面をさっと思い出せる人がいたら、その段階で、さまざまな意味の積み重ねられた羊羹の陰影の世界をより深く味わうことができるということになります。教養が知性により輝いている状態です。

自分以外の誰かの力が加味されると、意味が積み重ねられ、価値が高まります。

ワインも、「どこの産地のものか」「何年のものか」といった意味づけが加わると、価値が出る。我々は舌に加え目や鼻だけでなく、頭でも味わっているのです。すると、いっそう美味《おい》しく感じられるように、言葉も意味づけが重ねられると、付加価値が上がるのです。

象徴的概念の比喩ができるか

古代ローマ帝国時代の詩人ユウェナリス（60〜１３０）は社会を風刺した詩をたくさん残していますが、そのなかに、「民衆は『パンとサーカス』によってすっかり目をくらまされている」という指摘があります。

「パン」は食糧を、「サーカス」は娯楽を指しています。ローマ帝国の所属市民には、労働をしなくても穀物が配給されるという特典がありました。働かなくても食べていくのに困らない仕組みです。コロッセウムの遺跡などがいまも残っていますが、コロッセウムでは戦車による競争やグラディエーター（剣闘士）たちの死闘が繰り広げられ、市民はそれに熱狂していました。権力者から食と娯楽を提供され、骨抜きにされているとユウェナリスは批判的な目を向けていたのです。

この「パンとサーカス」という言葉を知っていて使える人は、教養があるといえます。それを、ただ語彙として知っているだけでなく、一つの概念として理解できていて、似た状況とつなげて、

「これって、まさに『パンとサーカス』と同じだね」

と喝破することができたら、その人は知性があると見なされます。「自分の頭で考えてつなげることができる＝文脈力がある」とはそういうことです。

ある象徴的な概念を、別の状況とつなげて捉《とら》えることができると、会話の知的レベルがぐんと上がります。語彙として吸収して満足するのではなく、そうやって概念そのものを自分のものにしていってください。

高度経済成長期の昭和40年ごろ、「昭和元禄《げんろく》」という言葉が流行《はや》ったことがありました。

江戸も中期、元禄年間（１６８８～１７０４）ごろになると、幕藩体制もかたまり、世の中が安定して、都市を中心とした華やかな文化が花開きました。平和な世の中と豊かさ

の享受に、みんなが浮かれた時代ともいえます。そんな元禄時代に、戦後復興を遂げ、平和で豊かな時代を迎えた昭和の好景気の時期をなぞらえたのです。これも一つの巧みな比《ひ》喩《ゆ》です。

２０１６年11月、アメリカの大統領選でドナルド・トランプ氏に敗れたヒラリー・クリントン氏は、敗北宣言のスピーチで次のように語りました。

私たちはいまだ、最も高く、硬いガラスの天井を破ることができていません。でもいつか、誰かが成し遂げてくれるでしょう。私たちが思うより早く、そんな日が来てほしい。

（２０１６年11月15日付朝日新聞朝刊）

この「ガラスの天井」というのも、一つの象徴的概念の比喩で、女性の権利の拡充と社会進出を阻んでいる目には見えない障壁を指しています。アメリカ初の女性大統領という悲願を果たしてくれる女性政治家の台頭にヒラリーさんは希望を託したわけです。

こうした社会で注目されるレトリックはぜひ押さえておきましょう。そして、女性の社会進出という場面に限らず、少数派であるがゆえに阻まれていることと何かつなげられないかと考えてみる。こうした習慣が、教養が端々に表れる言葉づかいにつながっていくのです。

知識の土台、感覚の共有がないと話が通じない

引用したり比喩を使ったりするには、知識のストックが必要になります。知識が豊富で幅広ければ、それだけ語彙も多彩になります。

同時に、相手もまたその知識がないと、コミュニケーションは成り立ちません。

「ガラスの天井？　何それ、知らない」

これでは、話がつながらず、会話の楽しみが半減すると感じる人も少なくないでしょう。

話が通じるというのは、意味を分かち合える知識・教養の土台があるということ。言葉や感覚を共有できていて、それを一緒に味わえるということです。

同じものを見ている、同じテキストを読んでいる、それにより価値観や感覚を共有し、伝え合うことができる。そのことによって、会話が充実するのです。

日本では、ほんの少し前まで、儒教の教えや漢籍、和歌に通じていることが知的素養と

して共有されていました。『枕草子』に出てくる「香炉峰《こうろほう》の雪」の一節なども、白居易《はくきょい》の詩を知っていたから対応できた、という話です。

そのために子ども時代に『論語』を素読で身体に叩《たた》き込んだ世代の人と、『論語』を読んだことのない現代の人とでは、ものの感じ方、捉え方に開きがあります。

「己の欲せざるところは、人に施すこと勿《なか》れ」

「義を見て為《な》さざるは、勇なきなり」

こういった言葉が身体に染み込んでいると、「自分がされたらイヤなことを、人にしてはいけない」「やらなければならないことを目の前にしながらやらないのは、勇気のないことだ」という言葉の重みも違います。

落語をよく知っている人と、ほとんど聴いたことのない人とでは、使える語彙も違えば、相手の感情に対するイメージ喚起力も違います。

若い世代の中には、「そんなの知らなくても別に困らない」と考える人がいますが、そういう姿勢は視野を狭めてしまいます。

「学べば則《すなわ》ち固《こ》ならず」

これも『論語』の言葉で「学ぶことは頭を柔らかくすることだ」という意味ですが、いろいろなことを知ろうとすることは、自分の幅を広げてくれます。柔軟性が育《はぐく》まれます。

さまざまな知識を得、語彙を増やしていくことは、「言葉を介してどれだけ他者とつながれるか」なのだと意識しましょう。

語彙力調査で判明したこと

朝日新聞社と共同で「語彙・読解力検定」を実施しているベネッセコーポレーションが、全国の高校生から社会人3130人を対象にインターネットで語彙力調査を行ったところ、語彙力が高かったのは、「読書量が多い」人、「新聞やネットでニュースをよく読む」人だったそうです。また、家族との会話の少ない人より「よく会話をする人」のほうが、SNSやメールをやらない人より「SNSやメールを利用している人」のほうが、語彙力が高いこともわかったといいます。やはり、インプット&アウトプットの積極性が大事だということです。

世代間で知っている語彙にかなりズレがあることもわかったそうです。

高校生がよく知っている語彙には、「ディスる（けなす）」「イミフ（意味不明）」「きょどる（挙動不審な動きをとる）」「ぽちる（ネット通販で購入ボタンを押す）」「りょ（了解）」といった省略語が多く見受けられました。

短い文字数で言葉をやりとりするなかで、省略語が増えているのもわかります。ただ、「了解」と言っても2文字で済みます。それすら「りょ」のようなかたちにしてしまうのは、省略というよりは仲間うちだけで通用する「隠語」のような感じなのでしょう。

一方、親世代はよく知っているけれど、高校生の多くが知らないと答えたのが、「阿《あ》漕《こぎ》」「イデオロギー」「忌《き》憚《たん》」などの言葉でした。

こういう差異を知ることは大事で、**「違いを知る」ことが相手への理解のきっかけになります。**

高校生には高校生にとって快適な会話のネットワークがあり、そこで通用している語彙の束があります。一方、大人は社会経験を積むなかで社会的、常識的な語彙のなかで生きていて、高校生にとってはまだ馴染みのない言葉をたくさん知っています。

家族でよく会話をする人のほうが、しない人より語彙力があるという傾向も見られました。**異世代間のコミュニケーションは、新しい語彙、共有語彙を増やしていくことにつながります。**

親世代が子どもに合わせて新語を使おうとする必要はほとんどありません。変に子どもに媚《こ》びた印象を与えることが少なくありませんし、若者言葉は流行り廃れが激しいものだからです。そうではなく子どもの脳を刺激するような語彙、知的な語彙をふだん使うことで、友人同士の語彙のプール以外でも快適に泳げるようにしてあげることが大人の役割ではないかと思います。

それは知性を磨く機会になっているか

電車に乗っても、喫茶店に行っても、現在はほとんどの人がスマホと向き合っています。SNSで人とつながるところには意見の交換がありますから、あながち悪いことではないと私は思います。

ただ大事なのは、つながり方です。

毎日の生活のなかで何時間も関わり合っているものが、自分の知性を磨く機会になっているでしょうか。自分を向上させる有意義な時間になっているでしょうか。

一日どれだけの時間スマホに向かっていて、どれだけの語彙を、どれだけの知識を増やすことができたでしょうか。2～3時間だとすれば、新書が1冊読めてしまう時間です。1か月で30冊の本が読める。それに匹敵するだけのことができているか。そういう意識をもっているかどうかで、知識量に大きな差が出ます。

スマホでニュースやさまざまな情報、あるいは電子書籍を読むのもいいのですが、しっかり覚えたいことには定着させる工夫が必要です。いちばんいいのがアウトプットを強化すること。誰かに話してみる、何かに書いてみる。実際に使ってみることで自分のものにしましょう。

「SNS疲れ」が話題になることも増えています。自分を摩耗させるようであれば、思いきってそこから離れてみてください。

語彙力が身につくことのよさは何かといえば、言葉を手に入れることによって、物事を明晰《めいせき》に認識できるようになること。その状況を対象化して捉えられるようになること。その結果、強くなれることです。

そして、知性を身につけるとは、一つの狭い世界だけに囚《とら》われなくなることです。

知性を身につけるというのは、気取った話をすることや、わけ知り顔で蘊蓄《うんちく》を並べることではありません。生きていることをより豊かにする、力強くすることだと私は思っています。

第3章　場の文脈、人の文脈、時代の文脈

目に見えない文脈さまざま

「大切なことって、目には見えない」

これはサン＝テグジュペリ（1900～1944）の『星の王子さま』に出てくるキツネのセリフですが、コミュニケーションにおける文脈というものも、目に見えるものではありません。不確かで、微妙で、つかまえがたい。

そこでよく、「空気が読める、読めない」という言い方がされます。一時「KY」と略されて流行語のようになりましたが、この「空気が読める」という表現がいっそうわかりにくくしているところがあります。「空気が読めないやつだ」と言われても、どうしたら読めるようになるのか、ますますもやもやしてしまいます。

「空気」というときには、「場の文脈」を指していることが大半です。すなわちその場が、どういう目的で、どういう人たちが集っている、どんな状況か、ということです。同じメンバーでも、会議室で議論をしているときと、飲み会の席とでは場の文脈は違います。

いろいろな人がいますから、そこにはその人その人のもつ「人の文脈」もあります。

たとえば同じ大学生でも、親のすねをかじることに何の疑問も感じていないのんびりした学生もいれば、奨学金という名の借金を背負いながらとにかく早くちゃんと就職したい学生もいます。それぞれが個人の文脈のなかで生きています。その背後にはその家庭の文脈があるわけです。

さらには「時代の文脈」というものもあります。その時代だからこそ、こうなっているというものがある。

人のいるところには、さまざまな文脈が縦横無尽に走っているのです。そういうなかで人とつながり、コミュニケーションをするには、それらの背景に対しての配慮が要ります。それが「空気を読む」ということです。

文脈把握には「感知する力」と「理解する力」が必要

空気が読める、すなわち場の文脈をつかめるとは、二つの力が働いている状態であると私は考えています。一つは「状況を感知する力」、もう一つは「理解しようとする力」。こう分けて考えるとわかりやすくなります。

子どもはときどき、言ってはいけないことを無邪気に言ってしまいます。

「なんでおじちゃんは、眉毛《まゆげ》と眉毛がつながっているの？」

みんなが「この人、両津勘吉《りょうつかんきち》みたいな眉毛だなあ」と思ってはいても、大人は普通、それを口には出しません。

あるいは、

「おじちゃんはなんで昼間からずっと家にいるの」

と聞いてしまう。一緒にいる保護者はもう冷や汗ものです。

文脈などお構いなしに、自分の思ったことをストレートに言ってしまうのが子どもというものです。

このような自分中心の視点だけでものを見る思考を、心理学者ピアジェ（1896〜1980）は乳幼児期に特徴的な「自己中心性」だと言いました。自己中心性から脱却していくことが、子どもの成長プロセスの一つの指標であるとも言っています。

その場の状況を感知することができない、相手の感情に対する配慮もできない、ただ自分の主観的な視点だけで動いてしまうというのは、「子どもっぽい」ことです。

いっぽうで、場の文脈がつかめる子どもも少なくはありません。

たとえば、お葬式は人が死んでみんなで魂を弔うという厳粛な場です。おじいちゃんが亡くなった。親戚《しんせき》がみんな集まっている。その空間には、いつもとはまったく違う空気が流れています。人の死に接したことがなくて、何が起きているのか事態を飲み込めていなくても、その場の雰囲気を「感知」できる子は場に馴染《なじ》んだ行動ができます。

いつもと様子は違うけれどよくわからないという子でも、お葬式とはどういうものかと教えられて、ふざけたり騒いだりしてはいけない場だと言われて「理解」できる子も、おとなしくしていることができます。

場の文脈に沿えるかどうかというのは、「状況を感知する力」あるいは「理解しようとする力」、またはその両方があるかどうかです。

それは大人でも同じです。

場の文脈を外している人の特徴

それなりに社会的な立場もあって、経験を積んでいるはずなのに、場の文脈を外している人も少なくありません。

結婚披露宴で、主賓として挨拶《あいさつ》をする。ところが、新郎新婦の門出を祝福する言葉もそこそこに、自分の政策の話を滔々《とうとう》とする地元出身の政治家。これは場の文脈を外しています。「状況を感知する力」も「理解しようとする力」もないタイプです。

宴《うたげ》を盛り上げようとするあまりに、「新郎○○くんの悪行について」という暴露話を始めてしまう新郎の友人というのも、文脈を外しています。親しい仲間うちが集まる二次会パーティーなら許されても、両家の親族や仕事関係の人も出席し、いろいろな人間関係の文脈が流れ込んだ場での悪行暴露は不快に感じてしまう人もいます。この場合は、それによってどういう感情を抱く人がいるかを想像しきれなかった、理解力が足りなかったといえます。

状況として、自分に何が求められているのかに気づけない。
相手や、場に関わっている人たちの感情の機微に対して、想像力が及ばない。
人と人の「あいだ」にあるものを想像し、予測し、配慮することができない。

これが場の文脈を外してしまう人の特徴です。

気づけるかどうかももちろん大事なことなのですが、理解しようと努めることで、相手を不当に傷つけたり、場をぶち壊したりということはなくなります。理解して配慮ができるというのは知性の要ることなのです。

「炎上」するのも文脈力が欠如しているせい

ときどき政治家の失言が問題になりますが、失言をしてしまう人というのは、どこか子どもっぽい感じがします。

またネット上の発言内容が炎上するということもありますが、多くの場合、文脈を読みきれていない発言をしていることが、それを招いているのではないかと思います。

文脈を取り違えて本質をつかまえそこねている、よく調べないで事実関係を勘違いしている、あるいは状況が変わっているのにそこをきちんと把握していない。そのために、「大事なのはそこじゃないだろ」と突っ込まれてしまう。

もちろん必ずしも発信者が悪いわけではありません。短い文章では真意が伝わりにくく、読み手の文脈力が足りない場合も少なくありません。冗談を本気と思って説教したりするといった「クソリプ」と呼ばれるような反応も多々あります。

ただふだんから発言が叩《たた》かれやすい人には、客観性と想像力が足りず、これを言うことにより、どんなことが起きるか先を読むことができないまま言ってしまうという傾向があるように思います。想像力というのは要するに予測力です。先読みの力が働かないと、まずい事態になってしまったときの事後対応もよくないわけで、そのためますます状況を悪化させてしまう人も少なくありません。

そのあたりの予測と配慮ができる人は、うかつな発言はしません。それが文脈力のある人、知性のある人です。

とりわけインターネットで自分が発信した言葉が、どこにどう拡散してしまうかわからない時代になったことで、言葉によりいっそう自覚と責任をもたなければいけなくなっています。それはある意味、大事なリスクヘッジだともいえます。

SNSでの発言が原因で、就職の内定が取り消しになった事例もあります。

言葉がもたらす影響について、客観性をもつこと、想像力を働かせることがとても大事になっています。とりわけSNSではこちらが意図していることとは違う切り取り方がされてしまうことも多々あります。相手が文脈を汲《く》み取ってくれることを期待しすぎると、違った受けとめ方をされることも少なくありません。

自分の文脈でしか話さない人は、えてして話が強引だったり、考え方が頑《かたく》なだったりします。「自分の好き嫌いは別にして、こういう見方もある」という客観的な視点がもてるかどうか。「こういう見方からすると、こういうふうに見える」「あっちのほうから見たら、また景色が違うね」という視点がもてる。そういう多面的な視野をもつ。それが柔軟な、包容力のある姿勢につながるのです。

職場で話題に困るようになった背景

文脈には、個々人がもっている「人の文脈」もあります。その場に、どういう人たちが、何のために集まっているのか。それぞれがどういう文脈でそこにいるのか。

職場であれば、仕事をする同志として出会っています。

昭和30～40年代の日本の会社は、仕事という文脈でありながら家族的なつながりがありました。お互いに家族構成も知っていて、社内運動会やら社員旅行やらで、家族同士も知り合い。職場の人との関係性のなかに、家族も文脈として自然に流れ込んでいるオープンな関係でした。「お宅は今年、小学校入学じゃないの？」とか、「おばあちゃん、元気？」とか、その手の会話が日常的に交わされていたのです。

ところが、現在の職場の人間関係は、どんどん閉じる方向に向かっています。「個人情報保護」にも一因がありますが、仕事の場でプライベートなことはあまり明かさない。家族関係のような個人的なことにはできるだけ触れないようにしよう、という流れになっています。

一緒に働いている上司や同僚が「既婚者らしい」「独身らしい」ぐらいはなんとなくわ

かっていても、「実際にどういう家族構成なのか」まではほとんど知らないのが普通になりました。

互いの生活の背景を知らなくなったことで、どんな話をするのが無難なのかがわからない。「あの人には家庭とか子どもの話をしていいんだろうか、よくないんだろうか」というところから考えてしまう状況です。職場の人と共有できる話題が見えにくくなっているのです。

日本は感情を読みとることを重視している社会

企業研修でも、学校教育でも、ディベート練習をするようになりました。しかし、日本ではディベートが終わったあと、確実に場の空気がぎこちなくなります。それはなぜかというと、感情を抜きにして論理だけで議論するという状況にやはり慣れていないからです。理屈ではわかっているのですが、割りきれない感じが残るのだと思います。

会議でも、

「役職は関係なくみんな自由に発言して、ざっくばらんに議論しよう」

このように言うことは多々あります。そこに偽りがあるわけではないのですが、結局それは建前です。

「何を言ったのか」よりも、「誰が言ったのか」が重視されるのが日本の社会のつねです。同じ内容でもトップの人が言ったのか、中間管理職が言ったのか、一社員が言ったのかで違ってくる。そして、立場の上の人の感情を汲み取ることがクセになっています。

非論理的なようですが、日本の社会はずっとそういうふうにやってきています。私はそれが一概に悪いとは言えないと思っています。そうやって感情面で事を荒立てないようにして脈々とやってきたのが日本の風土なのです。

感情を読みとる力を重視している、それが日本の社会です。だからこそ、より文脈力が重要になるのです。

アメリカの上下関係は非常にドライです。「You're fired!（お前はクビだ！）」の一言で簡単にクビを切られ、即刻立ち去らなければいけなくなる。この言葉、大統領に選ばれたトランプ氏がテレビ番組で口にしていました。

議論のときは遠慮せずに対等にやりとりができて風通しがよいかもしれませんが、上から言われたことに対して従わざるを得ないという意味では、アメリカも同じです。むしろその一言でパソコンにもアクセスができなくなり、段ボールに私物だけ詰め込んで即刻立ち去らなくてはいけないという環境はシビアです。日本ではちょっと考えられません。日本の場合、上下関係において、概して上司も部下に気を遣います。「この部下に対しては、どう言うのがいいか」と、相手に合わせた言い方を考えます。感情に配慮する。文脈を考えるのです。

私は、**ハラスメント問題が起きるのも、文脈力の欠如が原因**だと思っています。

どういう場で、どういう状況での会話なのか。その人の「個人の文脈」に対する配慮を欠いていなかったか。互いのこれまでの関係性という文脈を逸脱していなかったか。何か文脈を外したことをしていることが、トラブルのもとになったのではないか。そして足りなかったのは、言動もさることながら、相手の感情の機微を感知しよう、理解しようとする姿勢だったのではないでしょうか。

あの人のNGワードは何か？

第1章の「自分の文脈力のレベルに気づこう」のところでも挙げましたが、あなたは職場の仲間について、「この人にしてはいけない話」をどのくらい把握できているでしょうか。自分の所属する部署に、上司や同僚が10人いたとします。自分以外の9人全員に関して、「この人のＮＧワードは何か」を書き出すことができるでしょうか。

ＮＧワードというのは、「ここは他人にあまり触れられたくない」「踏み込んでほしくない」と思っている文脈です。人生のなかには、誰しもそういうものがいくつかあるものです。そこにはできるだけ立ち入らないようにする。それが、同じ職場で働く者同士という文脈の関係性を良好にする方法です。いわばマナーですね。

「この人は、学歴の話はしたがらない」とか「この人には結婚の話はしないほうがいい」ということをつかめているでしょうか。

あらためて考えてみたら、意外と知らないということがあるかもしれません。「ＮＧワード」すなわち「アンタッチャブル領域」がどのあたりにあるかを知らないということは、その人の文脈に対して無知だということです。どこに地雷があるかわからない状態では、気さくに話をしにくいのは当たり前です。何年も同じ職場にいながら、上司や同僚といま一歩距離が縮められないと感じるのは、「その人の文脈」に対する理解不足が原因かもしれません。

「もっといろいろ深い話をしたい」「相手が踏み込んでほしくないことまで話せるような関係を築きたい」と思う人もいるかもしれませんが、そうなるにはそれなりの時間や然《しか》るべききっかけが要ります。まずは、気分のいい話が続けられる関係を構築する。それで、飲み会などをきっかけに、これまでしたことのない話をすることで距離が少し縮まる。そういうようなことを、半年、1年と続け、数年経つうちに自然といろいろなことが話せるようになるというのが、人間関係のナチュラルな距離の詰め方です。

話し方のクセを見抜けると予測がつく

「その人の文脈」を知るには、NGワードだけでなく、「この人の口グセは何か？」というのを書き出してみるのもいいでしょう。

みんな何かしらのクセがあります。

「ぶっちゃけ」と言うのが口グセだけど、じつは何もぶっちゃけていない人もいます。

「たしかに」「たしかに」と、人の言葉にやたらと同意する人もいます。

「……そうは言ってもね」と必ず話を混ぜ返して、否定してかかる人もいます。

口グセとは、ただの言葉グセではなくて、多くの場合その人が過去にやってきた行状が表れています。そのため口グセに気づくことでその人の行動を予測することもできます。

たとえば、「話は違いますけど……」と言うクセがある人に対しては、「おっ、文脈ぶった切りのシグナルだ！　話の流れを無視して、また何か場違いなことを言いはじめるぞ」と思っていると、唐突な話の展開にも対応しやすくなります。

「場合によっては変更もありということで……」と言う人は、ドタキャングセのある人です。そう予測をつけていると、実際に約束がドタキャンになっても、「ああ、やっぱりこうなったか」と思うくらいで済みます。

言葉が丁寧すぎて、慇懃《いんぎん》無礼になってしまう人もいます。とても丁重な文面のメールだけど、丁寧すぎて違和感がある。やってほしいのかほしくないのかわからない内容になっていたりする。

敬語を使いすぎる人は、相手との距離の取り方がよくつかめていないケースも少なくありません。敬して遠ざけることを「敬遠」といいますが、あまり関わりたくないと思うと、過剰に丁寧になって距離を取る、ということがあります。そんなふうになっていることに気づいていない人も少なくありません。そういう人は、実際に会って話をしても距離感がつかみづらい場合が多々あります。

あまり一方的に決めつけてもいけませんが、このようにクセを感じとって「こういう傾向がある人かな」と予測情報の一つとしておくのも、私は文脈力だと思っています。ある種の「枕言葉」として自分の中にストックしておく。言葉グセをつかめると、人付き合いのでのストレスを少なくすることができます。

人はそれぞれ思いを抱えて生きている

人には、それぞれ人生の文脈があります。**人付き合いとは、その人の人生の文脈と付き合うことだと思うと、その人への理解が深まります。**

「はがきの名文コンクール」という催しがあって、堺屋太一《さかいやたいち》さんと吉本《よしもと》ばななさんと私の3人が選考委員をやっています。はがきに願い事を書いて投函《とうかん》してもらい、その内容と文章を審査するもので、2016年で2回目、3万通ほどの応募があったそうです。今年の願い事のテーマは「明日への願い」というものでした。

70代の女性からの、次のような投稿がありました。

昭和20年（1945年）8月、戦争が終わる直前です。6歳の長男と4歳の次男が二人とも赤痢にかかってしまった。薬もなく、小麦粉を練った団子がやっと二つだけ用意できた。お母さんは、それを症状の重かった長男に二つとも食べさせました。次男には「明日ね、今日は我慢して」と言ったのです。ところが、その夜、容体が急変してその次男が亡くなってしまった。以来、お母さんは「あのとき、食べさせてあげればよかった」という思いをずっと抱えてきたのです。

はがきは、そのお母さんの娘さんが書かれたものでした。昨年、98歳で亡くなったお母さんは、ずっと「お団子を一つ、あの子の口へ」と言い続けていたといいます。だから、天国で会えたら、お母さんの願いがかないますように、という内容でした。

お団子一つの悔いを70年抱えて生きてきた。それがお母さんの人生の文脈です。そのことを思い出さない日はなく過ごしてきたことでしょう。そんなお母さんを見て育った娘さんの、天国でお母さんの願いがかなったらいいな、という思い。胸にグッと迫ったので、私が選べる賞に推薦させていただきました。

人生には何が起きるかわかりませんが、「まさか、そんなことになるなんて」ということは、誰の身にも起こり得ることです。そう思うと、このお母さんの人生の文脈に寄り添い、理解の橋を架けることができます。

時代の文脈のなかで考える

「時代の文脈」というものもあります。社会で起きていることが、自分のなかにどのように流れ込んでいるのか、自分自身と現実社会をどうつなげて捉《とら》えたらいいのか。

２０１６年の時代の文脈、世界の動向の大きな文脈というと、イギリスのＥＵ（欧州連合）離脱とアメリカ大統領選のトランプ氏の勝利でしょう。どちらも「まさか、そうはならないだろう」と予想されていたため、世界中が驚愕《きょうがく》しました。

どれだけ重大なことなのかは、やはり知識のない人より知識のある人のほうがリアルに感じられます。こういう大きな話題については、新聞や雑誌、テレビ番組で特集が組まれたり、本が出版されたり、新しい情報が手に入りやすくなるので、知識を吸収して詳しくなるチャンスです。

ＥＵがどういう理念のもと、どういう経緯を経てつくり上げられた共同体なのか、そこからイギリスのような有力国が離脱するということはどういう意味をもつのか。ＥＵからの離脱がもたらす経済的な影響の大きさがわかっていながら、なぜ国民投票の結果はこうなったのか。

疑問をたどっていくと、さまざまな問題に波及し、芋づる式にいろいろなことがわかってきます。「ああ、流入する難民問題が大きく絡んでいるのか。ということはＩＳ（イスラム国）の影響でもあるわけだ」とどんどん知識がつながっていきます。

この流れは日本にとってもけっして対岸の火事ではありません。自分に対してどんな影響を及ぼすことになるかまでを考えてみましょう。

「金利やローンなど金融への影響はどうなる？」「どんな業界、どんな職種にどんな影響が出る？」という「自分事」にまで落とし込んで考えてみるのです。それによって将来設計も変わってくるかもしれません。知ることで、予測が立てられるようになります。それはあなたの将来の不安を少なくすることになります。

就活生であれば、イギリスのＥＵ離脱やトランプ大統領の誕生といった国際情勢の変化と、自分の会社選びがつながっていることを意識する。英語を話せるかどうか以上に、そのような視点をもてるかどうかが、グローバルに生きるということでしょう。

「点」でなく「線」で捉える

時代の文脈というと、日本が国家として大きく文脈を変えたのは明治維新でした。鎖国を続けて完全に内向きであったところから、外向きに変わった。大変化です。

しかし倒幕派の人たちは、最初から開明的だったわけではありませんでした。攘夷《じょうい》論を唱えて外国人に斬りつけたりと、排外的な活動をしていたわけです。それが途中から「こんなことをしていてもダメだな」と気づいた。

長州藩《ちょうしゅう》は外国船を砲撃していましたが、するとその報復として、英・仏・米・蘭の四国連合艦隊がやってくるわけですね。「これはとんでもないことだ」と実感して、目を開かされました。

薩摩《さつま》藩もそうです。薩英戦争と呼ばれる、薩摩一藩で当時世界一の大国である英国と戦争をする無茶をやってしまって、大砲を撃ち込まれて、「これは戦う相手じゃない」「むしろあの技術を学ばなくては」と考え方を切り替えて開明的な意識をもつようになります。

長州も薩摩も、外国と武力衝突した時点だけを見ると、とうてい正しい判断であったとは言えません。しかしそれがきっかけとなって外に意識が開いていき、将来のビジョンをつかんでいった。結局、新政府の中枢を担うのが、その薩長閥になっていったわけです。

侍社会をどのように変えていったらいいか、時代の流れを読みとって判断して適応できたのが、薩長でした。幕府のなかにも開明的な人物はいましたが、徳川幕府自体が内向きの構造を捨てきれず、時代の流れに対応できなかったのです。

「点」で考えていては答えは見えてきません。「線」として何ができるか、時代の波に乗るにはどうすればいいいか、そういうものの見方が必要になります。

それには、**「大きな文脈として捉える」ことが大切**です。

サーフィンをするのに、小さい波が来たとき「ああ、来た、来た」と喜んで乗ってしまったら、すぐ終わりです。いい波というのはどういう条件で来るのかをよく調べておいて、いい場所、いいタイミングを予測して海に出て、向こうのほうから来る波を虎視《こし》眈々《たんたん》と待ち、「これだ！」という波に乗る。目先のことに囚《とら》われずに、大きな文脈のなかで見据えるわけです。

「点」の連続が「線」になる。一つの「点」で失敗しても、巻き返せます。

何かというと「ゆとり世代だから」と言われてしまう気の毒な世代があります。自分たちで望んで「ゆとり世代」になったわけではなく、たまたまそういう教育制度が実施されていた時代に学齢期だったことで烙印《らくいん》を押されてしまった。気の毒ですが、それもまた「時代の文脈」です。それはどうしようもないこと、引き受けざるを得ないことなんです。

しかし、「ゆとり世代」を生んだ教育が本当に失敗だったのかはわかりません。ならば新入社員としてどうかといった「点」で見ているだけでは意味がなくて、もっと長い目で「線」として見ることが必要です。ことによったら、ゆとり教育で育《はぐく》まれたものが今後大きく花開いて、すごい人たちがどんどん出てくるかもしれません。それは20年とかそれ以上経ってみないとわからないことです。

ノーベル賞においても、数十年前に発見したことが、近年になってようやく評価されて受賞にいたったという方が大勢います。世の中の評価が定まるまでには、年月を要するものなのです。

第4章　文脈力で会話は変わる

瞬発的思考力の回路は「話す」練習で開かれる

知性の要素として、最近は迅速であること、タイムリーであることが求められるようになっています。

とっさに何が言えるか。どう対応できるか。

専門的な知識があり、体系的に延々と詳細な説明ができたとしても、求められた場の文脈に即した話が臨機応変にできなければ、現代社会における知性としては十分なものだとは言えません。

必要なときにさっと的確な知識が引き出せる、機を逃さず適切な意見が言える、当意即妙な切り返しができる……それには、**短時間ですばやく脳を働かせ、スピーディーに言語化する回路**が開かれていないといけません。文脈の通った文章を「書く」ことはうまいのに、「話す」となるともたついてしまう人は、その回路があまり開かれていない人です。

文脈に則《のっと》って「話す」ことは、「書く」よりもある意味難しいことです。書くことには時間をかけられます。ゆっくり考えることができます。しかし会話は流れ去ってしまうものなので、その瞬間、瞬間が勝負。「ここで言わなきゃ」というところで言わないと、その文脈は二度と来ないかもしれない。そういう状況のなかで、**つねに瞬発的思考力と即応性、柔軟な反射神経が試されています。**これは、かなり意識的にトレーニングしないと磨かれません。

すばやくものを考えられるようにし、タイミングを外さずにそれを出力できるようにするために、「話す」ことを練習しましょう。この章では、文脈力のトレーニングのなかでも、とくに「話す」力を鍛える方法を取り上げていきたいと思います。

オリジナル「しゃべくり勉強法」で鍛えた知力

「話す」ことが知性を磨くと私が強調する背景には、私自身がこれを実践してきて、その有益性をはっきりと実感していることがあります。

中学時代、気の合う友だちと「試験勉強は面白くないからやる気が出ない。これをなんとか楽しくする方法はないだろうか」と考えて、二人で一緒にやることにしました。

始めたのは「しゃべくり勉強法」。なんのことはありません、それぞれが覚えたことを相手に話すという方法です。

試験が近くなると、いつまでにここまでやろうと相談します。二人で会ったら、片方が覚えたことを話す。もう一人がそれを聞いて、間違いをチェックする。交代して同じようにやる。中学の中間・期末試験だけでなく、高校受験もこの勉強法で乗りきりました。

これは記憶術として非常に効果的でした。**試験に強くなるだけでなく、普段の会話においても知識を取り出す速度が速くなりました。**話しながら、考えながら、「ああ、これがつながるな」とひらめいたところで、さっと取り出せる知識になっていったのです。第2章で触れた記憶はアウトプットにより定着率が高まるというセオリーに即したことを、知らずしらずにやっていたのです。

自分の頭の回転がどんどん速くなっていくような感覚があって楽しくて、その友人とはその後もこの勉強法を続けました。大学受験も、大学時代も、大学院受験も、私はずっと「しゃべくり勉強法」を続けて、知識をつけてきました。

試験の勉強だけでなく、読んだ本のこと、観た映画のことなども話しました。そうなると、本を読んでいるときから「これをどう話すか」を前提にして読み進めるようになります。私が、線を引きながら本を読む三色ボールペン方式の読書術を思いついたのも、そもその原点として、読んでいるときから話すためのポイントを押さえておこうとしていたことにあります。

あげく「意味含有率の高い話をどれだけ続けられるか」というテーマで喫茶店で延々と話したこともありました。とにかく膨大な時間を「しゃべくり」倒してきたのです。

いまでも私はノンストップで4時間でも5時間でもしゃべっていられるのですが、このしゃべりの基礎体力は、トレーニングを積んだことで培われたものです。

ただのおしゃべりでは「つなげる力」は鍛えられない

「しゃべくり勉強法」というのは、いわゆる「おしゃべり」とは別物です。

日常なにげなくしているおしゃべりは、残念ながら、文脈力を磨き、知性を磨くトレーニングにはなりません。おしゃべりは、それぞれがてんでバラバラなことを言い合っていても許されるものだからです。

試しに、おしゃべりを録音して聴き返してみてください。話題が飛び、それぞれが自分の言いたいことを勝手に言い合い、文脈がかみ合っていなくても、和気藹々《あいあい》と談笑できているはずです。

おしゃべりというのは、場の文脈として、自由に会話して楽しく過ごせることに意味があるからそれでかまいません。愚痴をこぼしたからといって、それに対して答えがもらえなくてもいい、そこで話せて発散できたことに意味があるわけです。そういう意味では知識や文脈のやりとりは二の次なのです。

おしゃべりで磨かれるのは「雑談力」です。これはこれでコミュニケーションにおいてたいへん大事な力で、人と人をつなぐ潤滑剤的な役割を果たします。

雑談力についてはこの章の後半で触れますが、まず私が実践していただきたいと考えている「話す」練習は、もう少し筋トレ的要素が強いものです。

そのポイントは「速く」「つなげて」話すことです。

覚えたことをつなげて話す

まずは、覚えたことを速いスピードで人に話す練習です。

私はこれを、大学に入ってきたばかりの1年次から、学生たちに徹底的に練習してもらっています。

本やニュースからキーワードを拾い出し、それについて説明する。

たとえば、医療保険の適用範囲が拡大された抗がん剤「オプジーボ」についての新聞記事を読んだら、オプジーボとはどういうものかという話をしてもらいます。

最初は15秒で一つのネタの話。免疫に働きかけるタイプの夢のがん治療薬というスタンスもあるでしょう。高価な薬であるため、医療保険財政への圧迫を危惧《きぐ》する見方もあります。副作用や薬効に関する見解についても話せるでしょう。一つの話として話してもらうのです。

次に30秒で二つのネタをつなげて話す。

さらに、時間を1分にして三つ以上のネタをつなげて話す。

つまり、オプジーボについて、とりあえずは15秒でも30秒でも1分でも話せるようにすることを目標にして練習をするのです。

毎週やっているうちに、口の回転スピードも上がりますし、文脈のつなげ方も速くなっていきます。「つなげる」という頭の働きにより、シナプスが強化されるのです。つっかえることなく速く話せるようになると、同じ1分でも話せる内容の濃さがずいぶん違ってきます。それは自分でもはっきりわかります。

ニュースを題材にすると時事ネタに強くなるというメリットもあります。文脈が錯綜《さくそう》している複雑な話を整理して、つながりをもたせて話せると、頭のなかが非常にクリアになる体験が得られるので、練習のしがいがあります。さながら池上彰《いけがみあきら》さんになったつもりで、一つの新聞の視点からだけでなく、立ち位置の違う新聞や雑誌の記事、テレビ解説など情報源をいろいろ組み合わせると、複眼的思考の話にしていくことができます。

何かについて、個別にバラバラの話をするのではなくて、文脈をつなげて話すことを習慣化していると、普段の会話でも投げ散らかしたような散漫な話ではなく、まとまりのある話ができるようになっていきます。

新書をサクッと読んで、キーワードをつなげて簡潔に話す

大学の授業で、私は学生たちに週に3冊ずつ新書を読んできて、その内容について発表することを課しています。

週3冊のペースで読むと、瞬く間にその事柄への理解力が上がってきます。新書には、細切れの知識ではなく、あるテーマのもと、しっかりした文脈があり、ひとまとまりの論として知ることができるからです。

新書は以前に比べると圧倒的に読みやすくなっていますし、だいたい200ページ程度にまとめられているので、時間もかからずに読めます。入門的な知識、情報を入手する方法として、新書を読んでおくことは非常に有効です。

読んできた本の内容を基本にしていますが、それに加えて「5分間速読トレーニング」もやります。具体的には、**読んだ新書を持ってきてもらい、二人一組になって相手と本を交換し、5分間で読んで、内容を簡潔に話してもらいます。**聞く側は自分がすでに読んできたものなのでチェックができます。

本1冊を5分で読んで内容を把握するなんて無理だと思われるかもしれませんが、5分には5分なりの情報処理の仕方というものがあります。4時間かけてじっくり読んだからといって、ディテールまで全部覚えられるわけではありませんし、いい説明ができるとも限りません。ここでは、短時間で対応する力を鍛えてもらいます。

5分あれば、目次を見て章立てを確認し、各章がどのようなつながりになっているかを把握することができます。大きな文脈をつかむ練習になります。

学生によく言うのは、**「キーワードをつなげて話せるようにする」**ということ。その本のなかに、とくに意味をもつキーワードが必ずあります。それを三つから五つくらい拾い出して、そのキーワードをつなげながら説明すると、大事なところを外さないのです。キーワードを見つけられない人は、その本のタイトルや帯に使われている言葉をキーワードにすれば、流れが見えてきます。

皆さんが練習する場合、5分で読むというのはちょっとハードルが高すぎるようでしたら、30分で読むとか、1時間で読むというかたちでもいいと思います。

ただし、**話す時間については、まずは1分を厳守**しましょう。だらだら間延びした話になっては会話力向上につながりません。

因果関係は「きっちり」つかむ、全体構造は「ざっくり」つかむ

文脈をつかむ力は、大きく二つから成り立っています。

一つは、**言葉と言葉の因果関係、つながりをつかめているか。**

もう一つは、**全体的な構造をつかめているか。**

因果関係に対する把握が曖昧模糊《あいまいもこ》としていると、きちんと説明することができません。

ですから、**因果関係は「きっちり」つかむ**必要があります。

一方、全体構造というのは、細かいことはともかくとして、その**事柄の全体像を捉《とら》えることが大切で、「ざっくり」つかむ**ものです。

たとえば、ニーチェの『ツァラトゥストラはかく語りき』を読んで、ニーチェの思想とは何かを説明するのであれば、象徴的なニーチェの語彙《ごい》をキーワードとして、その概念は

きっちりつかんでおきます。

「永遠回帰」とか「ルサンチマン」とか「超人」とはどういうことだろうか。

「永遠回帰（永劫《えいごう》回帰）」とは、悲しいことも、辛《つら》いことも永遠に繰り返されるということ。

「ルサンチマン」とは、妬《ねた》みとか嫉《そね》みのようなものが溜《た》まっている状態。

「超人」とは、いまの自分を乗り越えて高みを目指していくこと。

そのような概念をきちんと理解しておくと、人間はけっこう嫉妬《しっと》深くて、せこくて、自分のことばかり考えているようなところがありながら、自分が人間であることを超えていくものであるけれども、ルサンチマンがあると、人の足を引っ張ったりして、自分で自分を乗り越えていくようにはなれないんだなということがわかります。

キーワードがどういうつながりをもっているかの把握ができると、そんなに全体の理解は困難なものではないわけです。

全体構造については、キーワードを図化することでつかみやすくなります。

私は大学受験の世界史の勉強をするときに、教科書の文章からキーワードを抜き出し、ルーズリーフ1枚に「これとこれはどういう関係にある」と線を引っ張ったり矢印を書いたりして相関図をつくり、その図を見ながらキーワードのつながりを話すという勉強をしたことがありました。

それは東大の世界史の試験のなかに、複数のキーワードから七つを選んで、ある時代の一つの歴史状況を説明する論述形式の問題があり、その対策としてやってみたものでした。キーワードについて、「この言葉、知らない」というのは論外。「知っていても、つながりが話せない」のは、まだわかっていないと見なす。「キーワードを七つ全部つなげて話せる」ようになったら、それを「覚えた、理解できた」と見なす。**「わかったとはどういうことか」をはっきりさせたん**です。

図にされたものを見てもいいわけですが、自分で図にできるとなると、かなりしっかりと把握できているといえます。

さっとその場で考えをまとめて話すことができれば、それを文章として書くことは造作なくできます。話せれば、書けるようになるのです。

脈絡のなさそうなものもつなげてしまう

キーワードをつなげる練習としては、「なぞかけ」や「三題噺《ばなし》」などもあります。

「○○とかけまして、△△とときます。その心は？」

なぞかけは、二つのものがまったくかけ離れているほど興味が湧き、オチが見事だと「おおっ」となります。

三題噺とは、落語家が客席から三つのお題をもらい、即興で一つの噺にしてしまうというもので、まさに文脈力が問われるものです。それが、一見なんの脈絡もなさそうな言葉をつなげて一つのストーリーをつくりだす問題として、新聞社や出版社の採用試験で出題されるようになっています。

なぞかけや三題噺には、遊び心が問われます。つなげる言葉にしても、オチにしても、意外であればあるほど面白いわけです。

これは文脈力の大事なところでもあって、**話を面白くつなげていくコツは、「沿いつつずらす」こと**です。「○○といえば……」「○○つながりで……」といつの間にかずれていき、またまとまったりして展開させていけるといいんですね。あまりにまとまりすぎていても面白くない。

講演が典型です。ずっと同じような話が続いていると、聴く側は飽きてしまいます。逸《そ》れたり戻ったり、あんな話、こんな話、ある程度メリハリが利いていたほうが興味をもって聴けるのです。

たとえば、私が「お金」というテーマで講演することになったとします。私から、今日の日本の金融情勢についていろいろ聞きたいと思う人は、あまりいないと思います。そういう知識は、その手の専門家から聞くべきことでしょう。では、私に求められているのは何かということを考えると、おそらく他の人があまりつなげないようなものをつなげて話すことだと思います。

私の場合は、一万円札の顔になっている福沢諭吉《ふくざわゆきち》の話をして、福沢諭吉がお金をどう考えていたのかを話し、井原西鶴《いはらさいかく》の『世間胸算用《せけんむねさんよう》』の話から江戸時代のお金の話をし、文学に出てくるお金の話として『金色夜叉《こんじきやしや》』の話をしたりするでしょう。「話を変える」と言わないで、つなげて、つなげてスライドしていって、トータルに話をまとめていきます。

話が全体につながっている。前のほうで出てきた話が、最後でもう1回つなげられたりすると、聴いている方たちも「ああ、さっきの話がここで利いてきたのか、伏線だったんだな」と腑《ふ》に落ち、納得感が湧くのです。天声人語（朝日新聞）や編集手帳（読売新聞）といった新聞の一面コラムは、多くの場合、古典や過去の出来事と最近のニュースをうまくつなげる文章になっています。

文脈の縦糸、横糸が見事なかたちでつながっている話は、美しい織物のようになります。

話は変えない。言いよどみもなくす

文脈力のある人は、「話、変わるんですけど」という言葉をほとんど使いません。それはここまで会話してきた文脈を切る、つまり「話の腰を折る」ことを意味しているからです。基本的に、いろいろな話をどんどん関連づけて、前の話題を受けて「そういえば、こういうこともありましたよね」と自然な感じでつなげていくのが望ましいのです。

もう一つ、文脈力のある人は「ええと」「あの〜」「その〜」といった言いよどみもありません。「ええと」と言葉が詰まってしまうのは、話の先が見えていないということです。次に話すことがうまく出てこない状態です。知識がしっかりあって、完全に把握できている状態、頭の中が整理されて、これがこうなって、次にこうなってということがわかっていたら、先が見えているので、詰まることはなくなるはずです。

たとえば、料理の専門家が作り方の説明をする途中で、

「ええと、次、何だったたっけかな」

と言いよどむことがあるでしょうか。

それでは教えてもらうほうは不安になってしまいます。言いよどみは、話を聞く側のス

トレスになることもあるのです。

「話、変わるんですけど」も「ええと」も、よくない話しグセだと思って意識すれば直せます。ぜひ直してください。「ええと」を連発しなくなるだけでも、知的に聞こえるようになります。

雑談が怖くなくなるコツ

「話す」力つながりでいえば、コミュニケーションを円滑にするための会話力、雑談力を求めている人も多いようです。

どんな仕事においても、さりげなく雑談ができ、そのなかでちょっと気の利いた話ができると、コミュニケーションがうまくいきます。

話が面白いということは、人を楽しませたり、喜ばせたり、励ましたり、感動させたりできます。人を幸福にすることができる。ユーモアのセンスがある人がいると、場がどんどん盛り上がって、楽しいときを過ごせる。そこで喜びを感じたり、あるいは仕事がうまくいったりということがあると、幸福感が増すわけです。

知識がたいへん豊富で、もの知りなんだけど、会話していてもなぜか面白くないとなると、これはいささか魅力に欠けます。その原因はどこにあるかというと、相手の文脈に乗ろうとする「文脈力」の欠如なのではないかと思います。

会話とは、相手と仲良くなるためのもの、揉《も》め事を起こさないようにするためのものです。とくに雑談はそうで、会話における柔軟性が非常に重要です。

とくに国際社会になりますと、相手の方がどんな価値観で生きているか、わからないわけです。聞きながら、「その人の価値観はどのようなものなのか」「ＮＧワードは何なのか」を感じとりながら、会話や質問をしてうなずいたりしていく。

ここからは、雑談をうまく進めるコツに触れていきたいと思います。

パーティーで出会って話をするきっかけ

「パーティーのような席が苦手です。初めて会う人とどうやって会話をしたらいいか、きっかけがつかめません」

こういうタイプの方は日本には少なくないでしょう。

しかし、そんなに身構えることはありません。そのパーティーに呼ばれたということは、その文脈でつながっている人が必ずいるわけです。

「今日はどういう経緯でこのパーティーに来られたんですか？」

と聞くと、

「○○さんのお誘いです」

「私は△△の知り合いで」

こんなふうに、人とのつながりが見えてきます。あなたにもあなたを呼んでくれた人がいる。よっぽど大勢集まった大パーティーでもない限り、そうやって聞いていくとだいたい知り合いの知り合いに、何かつながりが見つかるものです。

それをきっかけにして、

「どんなお仕事をされているんですか？」

と当たり障りのない質問をしていきながら、会話の糸口をつかんでいきます。相手の人の文脈が少しずつわかってくると、話題も探しやすくなります。

知らない人と話をするというのは、誰しもが多少なりとも緊張するものです。

かといって、旧知の人と話しただけで帰ってきてしまったというのも、せっかく人と出会う場に行きながら、みすみす貴重な機会を逃しています。

パーティーに行ったら、必ず誰か一人新しい人と出会い、打ち解けて帰ってくるという

ことを目標にするといいと思います。

新しい知り合いを一人増やすことができたら、そのパーティーに来たことに意味が見出《みいだ》せます。しかもその一人と、かなり打ち解けた感じのコミュニケーションができたら、その関係は今後につながるものになるでしょう。

では、打ち解けた雰囲気にまでもっていくにはどんな話をしたらいいのか。自分と相手の「共通の文脈」になるのは何かと考えてみるのです。

共通の文脈を掘り当てる

あるパーティーの席で、知り合いから、

「私の上司です」

と外国人の方を紹介されました。日本語が話せない方でした。出身を聞いたところ、アルゼンチンだといいます。

「アルゼンチンということは、メッシ、マラドーナの国ですね。『ボカ・ジュニアーズ』を知っていますか？」

私は聞いてみました。「ボカ・ジュニアーズ」というのは、アルゼンチンのサッカーチームです。私はサッカー好きなので、アルゼンチンということでとっさに頭に浮かんだのです。

するとその人は、まさにボカ・ジュニアーズファンだったのです。

しばしボカ・ジュニアーズの話をして、最後に、

「ボカ・ジュニアーズ！」

「ボカ・ジュニアーズ！」

とお互いに叫び合って盛り上がりました。

アルゼンチンやブラジルはサッカー強国ですから、日本以上にサッカーに熱い国です。その国出身の男性だったら、サッカーは共通文脈になる可能性が高い、と思っていました。もう一つ「リバー・プレート」という強いチームがあり、ボカ・ジュニアーズがはずれたときにはそれを言おう、と思っていたところ、一発目で話題を共有できる文脈を掘り当てることができたというわけです。

アルゼンチンのサッカーチームという相手の文脈で、相手が馴染《なじ》んでいる語彙を見つけただけで、何か楽しくコミュニケーションできたという気持ちが残りました。

打ち解け感というのは、こんなことでもいいのです。

途中から会話に加わるには？

２、３人の人が会話をしているところに、途中から自分も加わりたいという場合はどうしたらいいか。

最初からガンガン会話に交じっていこうとするのは危険です。その人たちがいま、話している文脈というものがあります。いきなりカットインして話を掻《か》きまわすのではなく、「私も話を聞かせてもらいますね」とはっきりわかる態度を示し、うなずいたり相づちを打ったりして身体で反応します。

「真剣な話をしている、どうも自分が入ってもよさそうな雰囲気ではないな」という空気を察したら、その場から立ち去ります。「自分が入っても大丈夫な話題だな」と思ったら、話を聞いているところからあるタイミングで、

「へえ、そういうことだったんですね、知らなかったな」

とか、

「それは面白いですね」

と同調や共感の意を表します。

そうやって場に馴染んでいくのです。

次にすることは質問です。

「ということは……なんですか？」

とその話題に関してもっと教えてほしいというスタンスの質問をします。聞き手が自分の話に興味をもってくれているというのは、うれしいことですから、話し手はいっそう乗ってくる。話が盛り上がりやすくなります。

それに対して、また、

「へえ、そうなんですか」

「なるほど」

とうなずいたり相づちを打つ。

その場がどういう雰囲気なのかは、会話の内容だけでなく、表情や身体の動きからも察知することができます。「ちょっと硬い雰囲気だな」というときは、こちらもとりあえず硬く入ります。にこやかな雰囲気なら、こちらもにこやかに入っていく。

大事なのは、場に自分の身体を馴染ませていくことです。とりわけ笑いが起きるタイミングで、しっかり笑えたらこっちのものです。身体のモードが自然に同化できていると、違和感を与えにくいのです。

会話の「ごっこ遊び」は他者理解を深める

本書の冒頭で『久米書店』という番組に出た話をしましたが、そのときに壇蜜さんが、銀座のクラブではお客さんとお店の女性が、会話の「ごっこ遊び」をすることもある、という話をしてくれました。

たとえば、お客さんが会社の上司で、女性はその部下というような架空の設定で、会話をするそうです。

その立場になるには、想像力が要ります。実際の自分の文脈とは別文脈、アナザー文脈の何者かになり代わるわけですから、その遊びの文脈を理解して楽しむには、頭を柔らかくする必要があります。

この別文脈の人物になるというのは「役割を演じる」こと、立場を変えることで、教育の世界ではロールプレイといいます。

違う文脈の人の気持ちを理解するためには、ロールプレイで立場を変えて、違う視点に立ってみるといいんです。

たとえば、全然勉強しようとしない子どもと、そのお母さんという設定で、演じてみます。お母さん役になってみると、口うるさくいろいろ言うお母さんの気持ちがわかるようになる。「お母さんの立場、文脈からすれば、やっぱりそう言いたくなるよね」ということがわかってきます。

売れる営業は自分をオープンにして雑談から入る

営業の人が集まるところに呼ばれてコミュニケーション力のセミナーをやることがあります。セミナーの講師として行くわけですが、セールスのトップの人はいったいどんなことをしているかというのを聞いてみるんです。

その結果、話がものすごくうまいというよりは、雑談がうまい、雑談からのきっかけづくりがうまい人が多いということに気づきました。

たとえば、保険会社の営業所を訪ねた際に、座っているカウンターに山登りをしている写真を飾っている方がいました。それを見たら、お客さんのほうから「山が好きなんですか?」とか「山登りがご趣味なんですね」と声をかけやすくなります。お客さんのほうから開いた状態で接してもらえるのです。

そういうきっかけが何もなくて、いきなり、「はじめまして、こんにちは。こんな商品はいかがですか」と説明を始めても、お客さんは引いてしまうといいます。

何も知らない人からいきなり勧誘されても、「はい、買います」という人はあまりいません。しかし、多少なりとも会話をして相手がどんな人かわかっていると、心を開きやすくなるのです。

聞きたいことをいきなり聞くのではなくて、場を温めながら、世間話のような雑談をしていく。その雑談のなかで、家族状況といったことがいろいろわかるわけですね。それに応じた保険を提案することができる。「ああ、そういうときのために、こんな保険もあるんですよ」と自然に保険の説明に入っていくと、成約率も高いそうです。

雑談から始めて、いかに相手のリクエストに応《こた》えられるような商品を紹介できるか。これも文脈を読むということです。

これができる人は、やはり他者に対しての理解力が高いんです。相手の世界への理解というのが、コミュニケーションのカギになっていることがわかります。

表情の模倣

場に自分の身体を馴染ませていくというのは意外に大事なことで、みんなが笑っているのに一人だけ仏頂面をしている人がいると、他の人もみんなすごく気になりますし、場の空気を乱します。

場の空気を感知するのが得意でない人は、表情をみんなと合わせることによって、身体を馴染ませます。**表情を模倣することで、その空気に同調していく。**

微笑み合うとか、握手する、ハイタッチする、あるいはウェーブというのも、場の空気を一体化させます。そういう反応、リアクションをするには、身体を柔らかくしておくことが必要で、身体が強《こわ》ばっている人は動けないんです。

まず反応できる身体。相手が笑ったら笑う、真剣な顔になったら真剣になる、それをやっているだけでもけっこう馴染む。相手が笑ったら笑う、ジョークの意味がわからなくても笑い合える、そんなことも場合によってはあります。

私が北欧へ行ったときの酒場での出来事ですが、たまたま隣に座っていたのがイヌイットの人でした。コミュニケーションを取ろうにも、言葉がまったく通じない。

そこで、私は相手の口真似をしたり、身振り手振りを真似したり、絵を描いてみたりして、向こうの言葉を教えてもらおうとしました。一生懸命口真似をして言ってみるのですが、発音がうまくできない。「そうじゃない」みたいな反応が返ってきて、大笑いされるのです。

私は、知らない言語を教えてもらう出来の悪い生徒、相手は先生という文脈がそこにできたわけです。私の真似は相当ヘタクソらしく、何回やっても爆笑される。

笑ってもらえたのが幸いで、仕方がないからこちらも爆笑する。言葉が通じないにもかかわらず、さんざん笑い合って、楽しい時間を共有することができました。ヘタにも意味はあったということです。

空気は読まない——驚異の巻き込み力

「空気なんて読んでも意味ないで！」

と関西弁の大きな声が聞こえてきそうなのが、千原《ちはら》せいじさんです。

『世界の村で発見！　こんなところに日本人』という番組で、千原せいじさんがアフリカの国々を訪ね、向こうで暮らしている日本人を探し当てるコーナーがあります。道中、現地の人とさまざまなやりとりがあります。せいじさんの行動は、いいかげんで、強引に見えますが、どこの国に行ってもうまく馴染めてしまう。あの力は見習わなければなりません。

せいじさんは、文脈を読むとか、空気を読むというところからいちばん遠い人に見えます。遠慮がないんです。相手の事情にかかわらず、もうズカズカと踏み込んでいって、自分をガンガン出す。相手はその文脈に巻き込まれてしまう。

「どうなってるんや、わしは早くそこに行きたいんじゃ、寄り道しとる場合か」

「さっさとそこへ連れて行け」

などと平気で文句を言う。

日本人によくある引っ込み思案なところがありません。そのざっくばらんさ、あけっぴろげさのために、馴染む速度が速い。相手の人にとって、わかりやすいわけです。マイペースで怒ったりもしますが、基本、笑顔が多くて、声が大きくて、豪快な笑い声があり、リアクションが大きいので、言葉が通じなくても、何を言っているのか、何をしたいのかがアフリカの人にもダイレクトに伝わっている。だから交渉も早いんですね。

ほかには出川哲朗《でがわてつろう》さん。『世界の果てまでイッテQ!』という番組で、英語が苦手な出川さんが、ニューヨークなどでミッションをこなすというコーナーがあります。「出川イングリッシュ」と呼ばれる無茶な英語で何とかミッションをこなしていくパワーは爆笑モノです。

体当たりを得意とする芸人のコミュニケーション力は、日本人が海外で渡り合っていくためには必要なものだと思います。海外では、日本人の「空気を読む」的な細やかさは、何を考えているのかわからない感じでコミュニケーションしにくいと思われるので、世界に出るときにはあのくらいオープンでわかりやすいことを意識するほうがいいように思います。

オープンな身体をつくる

私は教職志望者に対して、「オープンな身体をつくろう」というテーマで、反応しやすい柔らかい身体を保つ練習を授業で行っています。

教壇に立つ上では、全員をきちんと見渡せるとか、明るく軽やかにリアクションできるとか、大きく笑うとか、誰かのプレゼンテーションに拍手して盛り上げるとか、「へえ」と大きく驚くとか、うなずきが大きいとか、そういうオープンさが大事なので、それを練習してもらうのです。

大きくリアクションできる身体が準備できていると、場の空気を温められる。場の文脈をつくっていくことができます。

オープンバディの基本は、つねに相手に合わせて大きく反応することです。

わかられやすさも大事

自己紹介をするときも、自分はどういう人間なのかということを、いろいろ言おうとするところがあります。しかし、それだとわかりにくくなる。案外伝わりにくいものなのです。みんなに自分のことを覚えてほしいと思ったら、できるだけシンプルに自分を打ち出す自己紹介をしたほうが効果的です。

3日間の集中授業のときに、「この授業中、互いに呼び合えるニックネームを決めよう」と言ったら、自己紹介で、

「私は阪神タイガースファンです。ピッチャーの能見《のうみ》選手が好きなので、私を『能見』と呼んでください」

と言った女の子がいました。

すぐにみんなが「能見」と呼びはじめました。彼女のように、覚えてもらいやすいシン

プルなアピールができるといいんです。人から「わかられやすい」というのも大事なことです。

山中伸弥《やまなかしんや》教授が、ｉＰＳ細胞（人工多能性幹細胞 induced pluripotent stem cell）と名づけたのは、当時、流行しはじめたｉＰｏｄにあやかったからという話はよく知られています。自分で発見した遺伝子の名前がまったく使われなかったという過去の経験から、なるべく覚えやすい名前にしたかったのだそうです。わかってもらうための工夫というのも、一つの文脈力ではないでしょうか。

第5章　知性を磨く日々の習慣

知性ある人の話を聞く

院生時代、ハイデガーの本をドイツ語で読んでいた時期がありました。研究なので、翻訳ではなく原書で読まないと意味がないと思い込んでいたのですが、理解するのはけっこう大変。自分の理解が正しいのかもよくわからない。そんなときに、ものすごくハイデガーに詳しい人にお会いし、その人の話を聞いたら、頭の中の霧がサーッと晴れていくようによくわかりました。

頭のいい人の話を聞くと、こちらも利口になります。

頭のいい人がきちんと理解できていることを論理立てて説明してくれると、知識が整理されているので理路整然と入ってくるからです。

知的な会話ができるようになりたかったら、それ以前に、知性の高い人から話を聞くという機会を数多くもつことが大事です。「門前の小僧習わぬ経を読む」というのは本当にその通りなのです。

知性のある人は、知の文脈をたくさんもっていて、それがあちこちとつながっているので、話のつながり方、飛び方なども面白い。思いがけない発見もいろいろあります。知性のある人の話は面白いんです。そこで上手に質問できると、もっともっと面白くなります。

知性のある人と交流することが知性を磨く、ということをぜひ意識してみてください。すごい人と直接会って、いきなり一対一で話すというのはなかなか難しいかもしれませんが、講演などを聴きに行くようなことはできます。

いまはわざわざ出かけていかなくても YouTube などで手軽に映像を見たり聴いたりすることもできます。実際、それが役に立つときもありますが、自分から直接会って感化を受けようとモーションを起こすから面白くなることもあるのです。

経験知を引き出すことを質問する

ほんの短時間の会話にもかかわらず、いいやりとりができた、実のある会話だったという印象の残る人がいます。何が違うのでしょうか。

それは**本質的なところをついているか**どうかです。

では、その本質とは何か。

私は、**その人の経験知を引き出す**ような話だと思うのです。

たとえば、起業している人に対しては、

「起業するにあたって、いちばん大事にされたことは何ですか？」

私はこの手の質問をよくします。

答えは人によってまちまちです。「それは行動力ですよ」と言う人もいれば、「度胸ですかね」と言う人もいる、「人間関係です」と言う人もいる。その人の経験に基づいて出てくる言葉なので、瞬間的な会話であっても「そうか、この人はそれを大事にしてきたんだな」と勉強になるものがあります。

人にはそれぞれ生きてきた文脈があり、個人というのは経験知の集合体ということもできます。だからこそ、**その人にまず質問すべき大切なこととは、その人の経験知に根ざしたもの**ではないかと思います。それは、その人しか答えられないことですから。

私も、私だからこそ答えられるようなことを質問してもらえたらうれしくなります。

先日、高校生から次のように訊《き》かれました。

「忙しいなかで、どうやってたくさん本を読んでいるんですか？」

うれしい質問でした。「こんな工夫をしていますよ」と話したくなることがたくさんあるわけです。本が好きで、自分でもたくさんの本を出している私にとって、本質的なことを突いてくる質問です。訊かれる立場として不愉快ではない。むしろ喜んで話したくなります。

難しく考える必要はありません。相手にそう思わせるようなことを訊けると、短くても密度ある会話になります。

ＮＨＫの『プロフェッショナル　仕事の流儀』に登場する人は、みんなその道のすごいプロで、自分の仕事に誇りをもち、仕事の方針にも一家言をもっています。

考えてみると、プロフェッショナルなのはテレビで取り上げられる人ばかりではありません。世の中あちこちにプロフェッショナルがいるわけです。お寿司《すし》屋さんに行けば魚の目利きのプロがいて、喫茶店にはコーヒーを淹《い》れるプロがいます。その道のプロの人たちに経験を通じて学んだことを訊いてみると、みんなその人だから言えることを話してくれるはずです。

日常的にそういう練習をしていると、いつでもサッとポイントを突いた的確なことを訊けるようになっていきます。

その人の経験知をうまく引き出す会話ができる人からは、知性を感じます。

ドラマやバラエティで文脈力を鍛える

文脈力を鍛える上で恰好《かっこう》の教材がテレビ番組です。

ドラマや映画は、人生の文脈の絡まり合いを見せるもの。この先どうなっていくのか想像することは、文脈力を鍛える練習になります。とくに続きもののドラマであれば、各話のストーリー展開のほか、人間関係の絡まり合いを想像してみるとか、刑事ものやミステリーなら犯人あて、伏線探し、いろいろな文脈を推察する練習ができます。あえて3話ぐらいから見て前の話を想像するのも面白いものです。

漫画家の浦沢直樹《うらさわなおき》さんは、映画の最初のほうを少しだけ観て、その後のストーリーを自分で考えることがよくあるそうです。それをスタッフに話すらしいんですね。「実際の映画とは全然違いますけど、先生のそのストーリーのほうが面白いですね」と言われることがあると言っていました。さすが屈指のストーリーテラーだけのことはあります。

ドラマを楽しむうえで、脚本家は誰なのかというのも一つの文脈です。

たとえば、宮藤官九郎《くどうかんくろう》さんのドラマが好きな人は、ドラマの本筋だけでなく、そこに流れ込んでいる「クドカン」ワールドが好きだったりします。いま進行している物語以外の要素が、知っている人ならより面白い。以前から宮藤さんの書いたドラマをいろいろ観ている人ほど、そのつながりに気づけるという楽しさがあります。

「この脚本家は、過去に○○○や△△△を書いた人だから、期待できる」とか、脚本家の文脈から話の展開や演出について想像力を広げることもできます。

また、私は情報番組やバラエティ番組に出させていただくことがありますが、いまのテレビは非常にテンポが速く、現場ではいろいろな文脈が錯綜《さくそう》していて複雑です。そんななか、間をつかんで当意即妙な話のできる芸人さん、タレントさんたちは、すごい文脈力だなあと思って感心しています。

とくに、ひな壇に座っていて、他の人の話に入っていくというのは、非常に高度な文脈力が要求されます。番組によっても違うでしょうが、ひな壇というのは基本的にはメイン扱いではありません。「ガヤ」とか「にぎやかし」ともいわれ、いわばその他大勢という位置づけです。

その立ち位置で、場を盛り上げるようなことを言いながら、文脈をつなぎ、うまく次の展開へとつなげられるようにしないといけない。いつまでも同じことを話していたら面白くありません。また、まとめにかかってしまってもダメです。「ということは、こういうことですよね」とまとめてしまうと、面白くなくなってしまいます。

タイミングも大事です。誰かがまだ話そうとしているとき、オチの前にカットインしてしまうと、その人の話をぶち壊してしまいます。間のつかみ方のうまい人は、反射神経が鍛えられています。

文脈力という観点に立ってみると、なにげなくテレビを観ているときとはまた違った見方ができます。文脈力を、S、A、B、C、Dと5段階くらいに分けて判定してみるのもいいかもしれません。

たとえば、「この司会者はつねに文脈をうまくつなぎながら話をしているからA」とか、「この人はいつも自分の文脈に引きつけた話し方をするところが勝手な感じがするからBかな」とか、「この人は的はずれな発言ばかりしているからC」といった具合です。もちろん文脈を外しているけれど、テレビ的には面白いという人もいますし、「文脈力はCランクだけど、芸人としてはSだからまあいいか」みたいな人もいます。

実際に評価するとなると、観察力を働かせ、話し方に、いままで以上に注意を払うようになります。そこから、自分はどうかと振り返る。「人のふり見てわがふり直せ」のきっかけにもなるかもしれません。

ネットのコメントを大量に読み、客観的判断力を磨く

私自身はネットのコメント欄に書き込みをすることはないのですが、コメント欄はよく読みます。とくにニュースのコメント欄は大量に読みます。

何かが起きたとき、人はどういう受けとめ方をするのか。どこに憤ったり、疑問を感じたりするのか。まとまった数の意見に触れるということは、かつてはできなかったことです。そういうものを大量に読むことによって、世間の捉《とら》え方、人の反応というものに対しての客観性を養うことができます。

いろいろな意見に触れることで、「ああ、そういう視点があるのか」「そういう感じ方もあるんだな」と視野を広げて考えることができるようになります。

コメント欄に書き込む人たちの意見が、そのまま世の中全体の意見だとは言えないかもしれませんが、ネットの声もいまや世の中の文脈の一つになっているというのは間違いありません。

ネガティブな批判、罵倒《ばとう》などの書き込みもありますが、鋭い指摘もあれば、ユーモアのセンスにあふれていて「うまいこと言うなあ」と感じるものもたくさんあります。コメント力の高い人も意外と多いんです。

いろいろ読んでいると、極端な意見もあるなかで、中庸がどのあたりにあるかという感触もつかめるようになってきます。

企業の不祥事が取り沙汰される昨今ですが、謝罪会見にもかかわらず、そこでの言動がさらに傷口を広げてしまうような人がいます。世の中の人が「ここが問題だ」と思っているところをきちんと認識できないまま、表舞台に出てきてしまうと、そのような結果を生んでしまいます。たとえば、ネット上ではこのことはどう捉えられているのだろうか、という自己客観視ができていたら、違った対応ができたはずです。

ネットで叩《たた》かれるような経験は、誰しも避けたいことです。知り合いとのコミュニケーションという井の中にいるだけでなく、大海の荒波がどういうものかということも知っておいたほうがいいでしょう。

ネットでつながることの意味として、自分と異なる意見を知ることができるとか、知り合いではない人とも意見交換できるといったこともあります。ぜひ外の世界ともどんどん交わり、世界の文脈を知ってほしいと思います。

ファクトはどこにあるのか

年齢別未婚率の推移

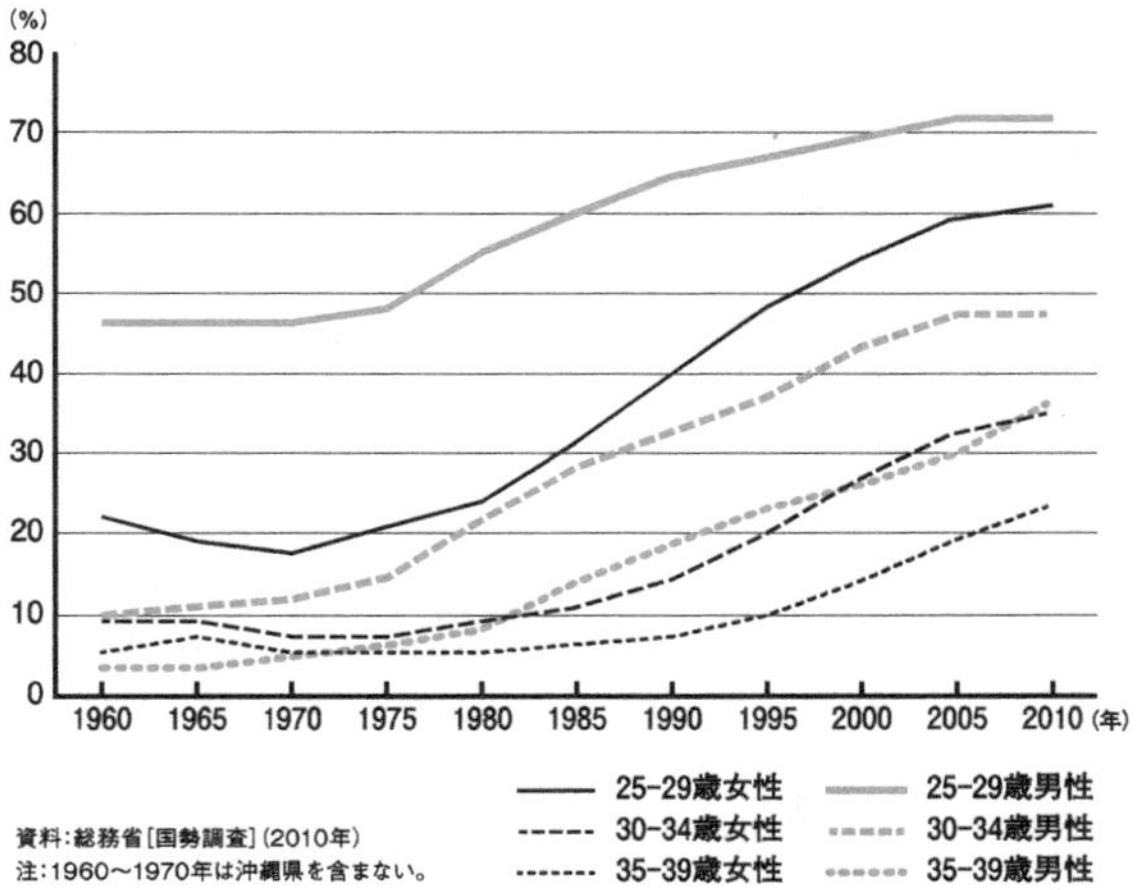

資料:総務省［国勢調査］(2010年)
注:1960〜1970年は沖縄県を含まない。

私たちは日々さまざまなニュース、情報に接しています。その情報のどこにファクトがあるのか、それがわかるのが知性ある人です。

たとえば、草食化、絶食化などといわれ、未婚の男女があまり付き合わなくなっているとよくいわれているのですが、実際、「未婚男性の7割、女性の6割に交際相手がいない」という調査結果が報じられました。国立社会保障・人口問題研究所が、18歳以上50歳未満の未婚者を対象に行った調査の結果、18歳以上34歳以下では、男性の69・8パーセント、女性の59・1パーセントに交際相手がいないことが明らかになったというのです。

いずれは結婚したいと考えている人の比率は男女ともに高いのに、交際相手のいない独身者の比率はどんどん増え、また性経験のない独身者の比率も増加している。そこに大きなギャップがある。そういうことを読み解いて、「おいおい、これはちょっとまずいんじゃないか」と危機感をもって受けとめなくてはいけない話です。

先に紹介したグラフは「年齢別未婚率の推移」です。1960年ごろの日本では、男性も女性も30代前半の未婚率は10パーセント以下だったわけですね。9割の人が結婚していたんです。この50年の間に、未婚率は上昇の一途をたどってきました。

このようにマクロな視点からの統計データを使って、その変化に目を留めてみると、ポイントが読みとりやすくなります。

たとえば「5年前と比較してみたら、こうだ」とか、「50年前と比較してみたら、こうだ」とか、あるいは「他国と比べてみたら、こうだ」というように、変化や差異に着目することで、そのデータが物語る意味が見えてくるわけですね。

統計的な数字の何を見ればいいのか、どこがポイントかを読みとることも文脈力です。

事実とは食い違う文脈。見方によって文脈は変わる

もう一つ大事なことがあります。情報というのは、イメージに左右されて色がついてしまうこともあるということです。

最近、高齢者が車を運転していて死傷事故を起こすというニュースが相次いでいます。そのため、「高齢者の運転は危険だから、免許の返納を勧めてはどうか」といった論調が出てきています。高齢化社会を迎え、事故防止のための対策はたしかに必要ですが、はたして高齢者ドライバーが交通事故を起こす確率はどれほど高いのでしょうか。

警察庁で発表している交通事故データを見ると、事故発生件数は多い一方で、事故発生率であれば16歳から19歳がもっとも高くなっています。件数は母体が多い以上増えてくるのは必然ですが、以前より目につきやすくなったことから、とりわけ高齢者の運転を危険視するような風潮がつくり上げられつつあるともいえます。

同じようなことが、殺人事件の件数についてもいえます。

殺人事件が報じられると、「最近、物騒な事件が多いね」とよくいいます。ですが、殺人事件の認知件数の推移データを見てみると、昭和のころに比べて発生件数は減少していきます。社会は確実に安全な方向に向かっているのです。

しかし、報道が詳細になってきていて、昔は報道されなかった殺人事件も報道される。近親者の殺人、たとえば介護疲れによる親や配偶者の殺害とか、親による子どもの虐待死といった報道は、とりわけ印象に残ります。

結果として、凶悪な殺人事件そのものは減少傾向にあるのに、世の中には悲惨な事件が増えているかのようなイメージになっていく。

文脈というのは流動的なもので、肯定的な方向にも否定的な方向にももっていくことができてしまいます。

だからこそ、**データをきちんと読み解く、思い込みや偏見を外して考えてみる**といった、事実を冷静に見据える視点が大事なのです。ファクトはどこにあるのか。間違った文脈のなかにいないか。**世間の印象を的確に把握しつつ、文脈を読み間違えないようにするには知性が要ります。**

短時間で骨をつかむ読書法

本とは、楽しみながら文脈力を鍛えられるツールです。

本は文脈の連なりでできています。それも人に読まれることを想定して、推敲《すいこう》を重ねて文章化され、つくられたもの。その文脈を読み解いて、意味をつかまえる楽しさを味わうのが読書の楽しみです。

三色ボールペンを用いて、客観的にすごく重要なところは赤、まあ大事なところは青、主観的に面白いと感じたところは緑でチェックしながら読むと、いっそう意味をつかまえやすくなります。

新書を短時間で自分のものにするため、大学の授業では、５分で新書を読んで内容を話す練習をするという話をしましたが、**速く読む練習をするには、時間制限を設けることが効果的**です。

新潟の大学に勤めているある先生は、東京と往復する片道2時間の新幹線のなかで新書を2冊読むと決めているそうです。1時間に1冊ぐらいのペースですね。往復で4冊読んでしまえる。これを月に何回もやっているといいます。

そのように、たとえば新書1冊を1時間で読むと決めておくと、アクセルを踏む感じのスピーディーな読書ができます。

普通のペースが1ページ1分とすると、２００ページで3時間強かかります。それを1時間で読むとすると、ただハイスピードで読むだけでなく、飛ばすところは飛ばす、読むところはしっかり読むといったメリハリをつける必要があります。

一つの方法として、30分と時間を区切って、まずは全体を流し読みします。**速く読むか**

らこそ、三色ボールペンで読みの痕跡《こんせき》をしっかり残しておくことが大切になります。「ここは大事、あとでしっかり読もう」という箇所は、すぐわかるようにページの隅を折っておきます。

30分で流し読みをしたら、残りの30分で、三色でチェックした大事なところを読み直します。軽くでも一度内容が入っていると、二度目の重点読みは時間も短くなるはずです。これが、30分で大事なところを押さえる「骨をつかむ」読書法です。

3時間かける読み方もあれば、こんな1時間なりの読み方もある、5分なら5分なりのやり方がある。いろいろな読書の型を身につけておくといいと思います。

もちろん、読んだら読みっぱなしにするのではなく、必ずアウトプットする。人に話す、あるいはブログに書くなどしてください。

わかりやすい解説の力を借りる

知性を磨くための読書には、高い山に登らなくてはならない辛《つら》さがあります。エベレストに登頂するのと、高尾山《たかおさん》に登るのとでは装備も違って当たり前。苦しいのを覚悟で単独無酸素登頂を目指したい人は挑戦すればいいのですが、酸素ボンベを担いで登っても、別にズルいことをしているわけではありません。

つまり、高山に登りやすくするために、さまざまな「解説本」という装備を身につけるのは悪いことではない、というのが私の考え方です。

難読ものには各種の「解説本」を大いに活用しましょう。

専門家による解説本は、さしずめガイド役のようなもの。頭のすっきり整理された専門家による解説でひと通りのことがわかると、頭の中に地図が描けます。これがあるのとないのとでは大違いです。

かつて中央公論社（現・中央公論新社）が発行していた『世界の名著』というシリーズがありました。それを解説した『世界の名著―マキアヴェリからサルトルまで』（河野健二　中公新書）という本があり、私も活用させてもらいました。世界の名著を全巻読むのは難しくても、世界の名著の解説書１冊を読むことはできる。とりあえず解説書で最初に名著の概要を知っておいたことで、全体像がつかめました。

図解による解説書も、全体をざっくり大づかみするのに役立ちます。

たとえば、旧約聖書というのは大きくどういう構成で成り立っているのか。『図解雑学旧約聖書』（雨宮慧　ナツメ社）は、神と人間、旧約・新約の関係が簡潔に図化されていたり、聖書の歴史が年表になっていたり、絵と文章とで全体像を把握しやすい内容です。
あるいは、『面白いほどよくわかる！ 心理学の本』（渋谷昌三 西東社）のようなものを読むと、心理学の各系統のことが図解され、整理されていて、パッと理解できます。
解説書は頭の整理に非常に役立ちます。

ＮＨＫ Ｅテレでやっている『１００分de名著』という番組がありますが、あれも入門編として恰好だと思います。**テレビの力＋専門家の解説＋テキスト**という組み合わせですから、わからないはずがない。専門家が解説してくれる耳学問的な要素もあり、手軽に古典に触れられる。教養書として読んでみたいと思っていたけれど、ハードルが高くてなかなか手が出せなかったという人に非常におすすめです。そういう意味で、あれも古典に親しむ流れをつくっている解説書といえます。

さらには、**マンガで読む**という方法もあります。哲学でも文学でも歴史でも、マンガで読むシリーズがいまはたくさん出ています。マンガで学びのきっかけをつくるというのも、大いにけっこうだと思います。

「引き写し」で難解書を自分のものにする

私は難解なものを理解しやすくするために「引き写し」という方法を活用してきました。解説を読んだらよくわかるわけですから、それを原著に引き写すのです。

身体論の研究をしていたときに、フランスのメルロ＝ポンティという哲学者の本を読み込む必要が出てきました。原書はフランス語です。メルロ＝ポンティの文体は哲学者の中でも読みづらいことで有名です。意味を取り違えてしまっては、研究の土台が揺らいでしまいますから、正しく把握する必要があります。

そこで、翻訳されているメルロ＝ポンティ関連の文献をいろいろ集めて、読みながら引用文のところに赤線を引っ張っていきました。そして、フランス語の原書の対応する箇所にも赤線を引き、その引用の翻訳を引き写していったのです。

「この部分はこういう意味だ」とはっきりわかるところが、あちこちにできる。その状態で原書を読み進めていくとびっくりするほど理解が進み、「これは効果的な方法だな」と実感したのです。

この方法はいろいろなところで使えます。

たとえば、古典の解説書やマンガを読むときに、原著から引用している部分を赤でチェックしておき、キーワードになると思われる語はぐるぐる囲っておきます。そしてそれを、原著に引き写す作業をします。そうやって現代語で意味のわかる部分が20箇所、30箇所とあると、それまで難しくてよくわからなかったものが、「わかる、わかる」の部分に引っ張られて、近づいてくるのです。

英語の本を読みきる

英語の本を最後まで読みきれるようになりたいという高校生と、このやり方をやってみたことがあります。

まず、アカデミー賞を取った映画『スラムドッグ$ミリオネア』を観てもらいました。そして、『スラムドッグ$ミリオネア』の英文ペーパーバックと、翻訳版を用意します。翻訳書は『ぼくと1ルピーの神様』というタイトルです。

翻訳書を読んでもらい、面白いと思ったところに三色ボールペンでたくさん線を引いてもらいます。そして英文ペーパーバックに、それを引き写してもらう。引き写す作業を通して、英文に目を通すことになります。

私が日本語の『ぼくと1ルピーの神様』を音読します。高校生は英文のそのページを目で追っていく。その英語を読んでいる頭の中に、私が日本語で音読している意味がさーっと流れ込んでいきます。映画でストーリーを知っていますし、翻訳も読んでいますから、意味はわかっている。

高速で1章ずつ読んでいくと、英語の本を1冊読破することができるのです。

意味がわかるうえで読んでいる。補助輪付きで自転車に乗れているような感じになるわけです。自力で読んだことにならないいんじゃないかと考える人もいるかもしれませんが、いつまでも自転車に乗れない、乗れないと思っているより、補助輪付きでも乗れた感覚をつかめたほうがいい。そして、英語の本を読みきることができたというのは大きな自信になります。

映画—原書—翻訳書という三角形を活用することで、読む力を上げていく方法です。

さらに、リスニング・トレーニング用の音声教材がありますので、それをプラスして四角形にする。ＣＤや音声データとしてダウンロードできるものが市販されているので、それを使ってリスニングの強化もできます。

いまはこのように、いろいろなものを組み合わせて、学びを立体化させていくことができる時代です。上手に組み合わせていくと楽しく学ぶことができます。

雑誌には予期せぬ出会いがある

私は雑誌が好きです。いまはネットに押されてしまい、存続させていくのもなかなか大変になりつつありますが、雑誌というものはさまざまな文化をつくり、牽引《けんいん》してきました。

雑誌の魅力の一つが、面白いものと「期せずして出会ってしまう」ところにあります。自分が探して得ようとしていたわけではないもの、検索して引っかかってきたのではないもの、そういう**「自分で選択したのではない」知識や文脈がなだれ込んでくる。そこに予想外の出会いがある**わけです。

ネットというのは、よくも悪くも紐《ひも》づけられた情報の中にあります。どういう情報にアクセスしているかをすべて把握したうえで、「いま、あなたにお勧めの商品はこれ」と表示してきたりしますね。

そういう世界から飛び出し、いままで知らなかったことや知らなかった人に出会うきっかけとして、やはり雑誌はすぐれた媒体だと思います。ふだんふざけたことを言ってお茶の間をにぎわせている芸人の真面目なエッセイに出会ったり、編集者の努力が滲む深みのある特集でさまざまな視点の意見に触れることができます。思ってもいない角度や視点から飛び込んできたもののほうが、自分の枠を広げてくれることになります。

人のお勧めに乗ってみる

自分で選択したのではないものとの出会いを増やすということでは、人のお勧めに乗ってみるのもいいと思います。

ＷＯＷＯＷの『映画工房』で、女優の板谷由夏《いたやゆか》さんが『こわれゆく女』という映画を勧められていたので、観てみることにしました。ジョン・カサヴェテス監督の１９７４年の作品で、刑事コロンボで有名なピーター・フォークが夫。妻が神経症を病んで、壊れていく。精神が不安定になっていく人の辛さ、その家族の辛さが描かれた映画でした。家族、夫婦の心の機微がなんともいえない。「ああ、いい作品を観たな」と思いました。

それからしばらくして、俳優の加瀬亮《かせりょう》さんが「自分の映画との出会いは、ジョン・カサヴェテスの『こわれゆく女』だ」という話をしていたのを聞いて「なるほど」と納得してしまいました。私は加瀬さんの演技力は素晴らしいなあと思っていたのですが、「ああいう映画に影響を受けていたのか」ということを知って、腑《ふ》に落ちた感がありました。お勧めに乗ってあのとき観ていなかったら、それはわからなかったわけです。観ていたことで、共感が深まったり、理解が深まったりする。

知の喜びというのは、こういうことの集積なんだと思います。

TBSの安住紳一郎《あずみしんいちろう》アナウンサーは私の教え子ですが、いまでは同じ情報番組に出演している仕事仲間でもあります。局で会っても二人でゆっくり話すような機会はそうないのですが、短時間の間にさっと情報交換をします。

「齋藤先生、あれ聴かれましたか？　いいですよ。お勧めします」

「ほんと、じゃあ聴くね。僕のお勧めはこれ」

「そうですか、じゃあ私も聴いてみます」

CDの話だったり、誰かの舞台の話だったり、勧め合うものはさまざまなんですが、そうやって小さな「交換」をいろいろな人としながら、自分の世界を広げていくというのが自然な知性の磨き方かなという気もします。

好きなもののつながりで広げていく

他者からのお勧めで、自分の文脈にないものと出会える一方、自分の好きなもののつながりで広げていくということもあります。

私は一時、シチリアにはまったことがありました。イタリア南部、地中海の島シチリア島です。ジュゼッペ・トルナトーレ監督の『ニュー・シネマ・パラダイス』で有名です。そのジュゼッペ・トルナトーレ監督が『マレーナ』という映画を撮った。モニカ・ベルッチ主演で、第二次大戦中のシチリアを舞台にした映画なんですが、これにはまってシチリアつながりでいろいろ関心をもつようになったのです。

タヴィアーニ兄弟の短編映画とか、その原作も書いているピランデッロとか、ヴィットリーニの小説『シチリアでの会話』（鷲平京子訳　岩波文庫）とか、人気テレビドラマの『モンタルバーノ』とか、シチリアのマフィアの本とか、シチリアつながりで入り込んでいきました。

そうすると、芋づる式にどんどん文脈ができていって、どんどんシチリアつながりが広がっていく。行ったこともないのに、シチリアの風土が自分のなかに入ってくるような感じです。

私は**「偏愛マップ」と呼んで、自分がこよなく愛するものを書き連ねてみようということを提唱しています**が、それはこういうように自分のなかでつながりをもつものを全部書き出していこうというものです。

書き出してみると、いろいろなものが縦横無尽につながって、ざあーっと広がっていきます。知性のある人は紙1枚ではとても収まらなくなります。ある市民大学でこれをやったときには、紙を何枚も貼り合わせて畳何畳分にもなる大きなマップを書いてきてくれた人もいました。

私の知性のイメージとは、まさにそのような網目状に広がる世界です。

第6章　古典をいまの文脈に活かす

兼好法師は「話の合う坊さん」

高校のときに『徒然草《つれづれぐさ》』を読んで、私は「兼好《けんこう》法師というのは、じつに自分と話の合う坊さんだな」と親近感を覚えました。

当時、私はテニス部だったのですが、**『徒然草』に書かれていることは、そのままスポーツの上達論に置き換えてもうなずけることが多かった**からです。

たとえば、弓の稽古《けいこ》をする際、「初心者は2本目の矢を持つな」という話があります（第92段）。矢には甲矢《はや》と乙矢《おとや》があり、普通は一対で一手なのですが、初心者は2本射ることができると思うと、後の矢をあてにして最初の一矢への集中がおろそかになる、だから2本目の矢を持ってはいけない、というのです。テニスのサービスも一緒だな、と思いました。

あるいは、盤双六《ばんすごろく》の名人の言葉として、「勝とうと思って打つのはよくない、負けまいとして打たなくてはならない。どうなったら負けることになるかを考えて、負けそうな手を使わないようにする。一目でも負けが遅くなるような手を使わなければいけないのだ」と記しています（第110段）。たしかにそうだと思って、どうなったら負けるかをシミュレーションして、そういう流れにならないようにするための戦術練習をしてみたりもしました。

ほかにも『徒然草』には人生のヒントが満載で、「兼好法師の言うことにはズレがないなあ」と感じていました。どこか坊さんらしからぬ坊さんで、やや斜に構えた感じで皮肉っぽいことを言ったり、おかしみのあることを言ったりする、そんなところも気に入っていました。

古典を自分の生活や思考に活かす

古い時代のものも、自分の文脈に引き寄せて読めると古臭さを感じません。

古典は苦手だと言う人の多くが、文法重視、逐語訳重視の「受験のための古文の読み方」に辟易《へきえき》し、以後すっかり遠ざかっているケースが多いのではないかと思います。大人になってから自分の意思で読む古典というのは、そんな悪しき記憶から脱却する絶好のチャンスです。

文法はとりあえず後回し。難解で読みにくかったら、読みやすい現代語訳のものや解説本を活用すればいいですし、退屈なところは飛ばしてしまってもかまいません。

大事なことは、時代を超えて多くの人たちに読み継がれてきた古典に触れ、その世界観を自分で味わうことです。

古典とは、いわゆる古文や漢文のことだけではありません。思想・哲学・科学・文学・芸術……洋の東西を問わずその価値が多くの人たちから評価されつづけ、不朽の名作・名著とされてきているものを指します。いわば「人類の文化遺産」として殿堂入りしているようなものです。

そこには普遍的な知恵があります。

ただ知識を増やすために読むのではないのです。

先人たちの知恵を「いまを生き抜くためのヒント」として、自分の日々の生活や思考に活《い》かしていくような読み方をしてみてください。

先人たちの叡智《えいち》の泉に自分もつながりを見出《みいだ》すことができるか、自分の現実とすり合わせてみて、古典のなかにある普遍的な真理を汲《く》み取ることができるか。

古典を味わう妙味はそこにあります。

普遍的な真理を汲み取り、いまに活かすことができるというのは、骨太で強靭《きょうじん》な知性が身につくということなのです。

『孟子』の講義をしながら日本の現状を問いかけた吉田松陰

古典の講読をしながら、いまという時代の文脈について語ることを実践していたのが吉《よし》田松陰《だしょういん》（1830〜1859）です。

松下村塾《しょうかそんじゅく》を主宰し、幕末の長州志士たちに多大な影響を与えた人として知られる松陰は、もちろん古典の素養は深いのですが、自ら見聞を広めて世の中の動きを見据えるという行動派、実体験主義でもありました。

たとえば、「東北の防衛は大丈夫か」ということが気になると、脱藩者扱いになるのものともせずに東北へ出向きます。

黒船が来たら、見に行かずにいられない。二度目に来たときには、小舟で乗り付けて黒船で自分を密航させてくれと直談判《じかだんぱん》しようとします。いつも「已《や》むに已まれぬ」熱い思いで動いていた知的蛮勇の人でした。

その黒船での密航失敗により捕らえられ、野山獄《のやまごく》に投獄された松陰は、獄中で『孟子《もうし》』の講義を始めます。列強が押し寄せてくるなかでどう防衛したらいいのか、日本が置かれている状況を客観的に分析し、「日本をどうする」という話をしているのです。

みんなたいへん興味をもち、牢《ろう》役人や番人まで松陰の話を聴こうとしたといいます。

この講義の内容が『講孟劄記《こうもうさつき》（講孟余話）』（講談社学術文庫）という本になっています。

「論語読みの論語知らず」ということわざのように、『論語』をよく勉強していて、その文言について非常によく知っていても、いざというときに『論語』を自分の思考の型として活かせないのでは意味がありません。

何かを学ぶとき、知識というフレームに押し込んでしまうのではなく、これは自分にどのように活かせるのか、つなげられるのかと考える。自分の生きる課題に引きつける習慣をつけてみてください。

「孫子の兵法」が現代の子どもたちにもウケている

「孫子の兵法（『孫子』）」は、中国の春秋時代に孫武《そんぶ》によってまとめられた世界最古の兵法書です。

孫子というと、日本では武田《たけだ》信玄《しんげん》の軍旗「風林火山」がすぐに思い浮かびます。『孫子』のなかにある「疾如風　徐如林　侵掠如火　不動如山（疾《はや》きこと風の如く　静かなること林の如く　侵掠《しんりゃく》すること火の如く　動かざること山の如し）」は信玄が理想にしていたものだという話はつとに有名です。

ナポレオンは、翻訳された『孫子』をいつも手元に置いていたという伝説もあります。

一方、『孫子』は戦の場以外の文脈でもけっこう読まれています。近年では、経営者が参考にしていることが多く、ビル・ゲイツ氏や孫正義《そんまさよし》氏も愛読していると伝えられています。**人心を掌握し、組織を束ねていくところに、時代を超えた普遍性がある**のだと思います。

〈戦わずして人の兵を屈するは、善の善なる者なり〉

百戦百勝で勝ちまくることが必ずしも最善ではない。実際には**戦わないで相手を屈服させるのが最上のやり方である**というわけです。

〈兵は拙速を聞くも、未《いま》だ巧の久なるを睹《み》ざるなり〉

巧くてゆっくりよりも、拙《つた》なくても速いほうがいいということで、完璧《かんぺき》を期して戦いを長引かせるぐらいなら、さっさと切り上げたほうがいい、要するに、**判断が早いほうがいい**という意味で使われています。さらに、

〈彼を知り己を知れば、百戦殆《あやう》からず〉

相手のことをよく知り、自分の側のこともよくわきまえていれば、何度戦ったところで

負ける心配はないという言葉などがあります。敵の研究を緻密《ちみつ》にやることも重要だというのは、スポーツチームでもいえることです。

このように、兵法書といっても、けっしてやたらと好戦的なものではないんですね。生き抜いていくための知恵という感じなのです。

先般、私は「孫子の兵法」を子ども向けに意訳して『強くしなやかなこころを育てる！こども孫子の兵法』（日本図書センター）という本を出したところ、予想を超えた反響がありました。

いまは子どもたちも人間関係においていろいろ悩みを抱えています。不安も多い。おかれた環境のなかで、どういう心もちで日々を過ごしたらいいかというのは、案外、共通するところがあります。そういう視点から言葉をピックアップしました。

２５００年前の兵法と、21世紀を生きる子どもたちの文脈にも、相通じるところというのは見出せるわけです。

マキャベリはどのように現代に読み替えられるか

「孫子の兵法」と併せ読むといいと私が思っているのが、マキャベリ（１４６９〜１５２

7）の『君主論』です。古代中国の兵法書と、中世ヨーロッパの君主のあり方を説く本もまた、文脈的に相通じるものをもっているのです。

『君主論』は、16世紀のイタリアで君主としてどう君臨すべきかをメディチ家に提言したものです。現実主義的に、どうすることが威力があるかと君主に説いているので、「情」を排したシビアな言葉が並びます。

〈人民にとって辛《つら》いこと、残酷なことは、一気にやってしまったほうがいい、褒美はちょっとずつでいい〉

〈人間というものは、危害を加えられると信じた人から恩恵を受けると、余計恩義を感じる〉

〈悪徳の評判などかまわず受けるがよい。一見、悪徳のように見えても、これを行うことで自らの安全と繁栄がもたらされる場合がある〉

〈愛されなくてもいいが、人から恨みを受けることがなく、しかも恐れられる存在でなければならない〉

〈君主として完全にいい人間である必要はないが、いい人間だと思わせることが必要である〉

こうしたところから、マキャベリは冷酷だとか非情だという捉《とら》えられ方をしているのですが、それでいて『君主論』というのはけっこう根強い人気のある本でもあるんですね。とくにここしばらくは、静かなブームが続いていると言ってもいいでしょう。新訳版が出されたり、意訳、超訳、解説など関連本がたくさん出たりしています。

それは、**経営論、マネジメント論として読み替えることができる**からです。君主を、リーダー、トップに立つ者として捉えると、そこに多くの真理があるからなのです。

フランス文学者の鹿島茂《かしましげる》さんは、君主を社長に、国家を会社に置き換え、『社長のためのマキアヴェリ入門』（中公文庫）として、合併をはじめさまざまな今日的状況に、会社経営者としてどう対応すべきかという読み替えをしています。

元マイクロソフト社長の成毛眞《なるけまこと》さんは、『超訳・君主論』（メディアファクトリー新書）で経営者としての自身の体験もまじえて語っています。

読み替えの手法としてさらにユニークなのが、『よいこの君主論』（架神恭介・辰巳一世　ちくま文庫）です。これは、小学生がクラス内で勃発《ぼっぱつ》した権力闘争に対して、『君主論』を活かすとどうなるのかという話です。

「クラスを牛耳りたい良い子のみんなも、お子様に帝王学を学ばせたい保護者の方も、国家元首を目指す不敵なあなたも必読」と紹介文にあるのですが、このフレーズからもわかるように、ちょっとパロディ化して遊んでいます。こういうかたちで『君主論』を学ぶこともできます。

この『よいこの君主論』の著者の一人である架神恭介《かがみきょうすけ》さんは、『仁義なきキリスト教史』（ちくま文庫）という本も書いていて、こちらもたいへん面白い。キリスト教の歴史をヤクザの抗争史『仁義なき戦い』のように描いていて、イエスが広島弁なのです。読みながら思わず爆笑してしまいます。しかし、キリスト教史の初期のころの細かい話がきちんと理解できますし、一方で『仁義なき戦い』のようなワールドが好きな人は、あの独特な世界観も楽しめるというなかなかオツな1冊です。

マネジメントの父ドラッカーと女子高生という文脈

『孫子』や『君主論』のようなものを、組織運営や人心掌握の参考書として捉えていた人は昔から少なからずいました。それを、経営者にとって活かせる「思考の型」に直接結びつけやすくしたのは、ドラッカーだといえるのではないでしょうか。

ドラッカーが現代経営学というものを確立し、「マネジメント」という概念を築いて世の中に提示したことで、軍勢を率いて戦うことも、国家を統治することも、企業を経営することも、マネジメントであるということにみんなが気がつきやすくなったわけです。

その文脈で、女子高生だってつなげてしまうことができた。それが岩崎夏海さんの『もし高校野球の女子マネージャーがドラッカーの『マネジメント』を読んだら』（ダイヤモンド社）の大ヒットです。マネジメントの概念は、高校の部活運営にだって活かせる、そういう読み替えが成功したのです。

ドラッカーは経営においてたくさんの概念を提案しています。ドラッカー自身が生み出したものもあれば、ドラッカーが取り上げたことで広く知られるようになったものもあります。

ドラッカーの経営理論のエッセンスを集めた『マネジメント［エッセンシャル版］』（上田惇生訳　ダイヤモンド社）はたいへん読みやすく、全体像をつかみやすいですし、『もしドラ』をもう一度読み直してみるのもいいでしょう。

こうなると古典を学ぶという感じではなくなってきますが、古典の面白さは時空を超えてつながるところにあるので、ときにはそういうことがあってもいいと思います。

いまのことを考えるために古典の知恵を活かすこともできますが、その時代といまとを比較して考えることもできる。古典の世界観と現代とを行ったり来たり往復できると、古典からその息づかいを学ぶことができます。

世阿弥の「秘すれば花」は生き残りをかけた戦術

ドラッカーは「顧客満足」ということをよく言っています。企業の目的は顧客の創造であり、そのためには顧客満足度を高めていかなくてはならないという考え方です。

そんなドラッカーの考え方にかなり近いことを考えていたのが、室町時代に能を大成した世阿弥《ぜあみ》です。世阿弥もまた「お客様中心主義」の発想をもっていたのです。

世阿弥の芸道論のキーワードの一つに、「離見の見」というものがあります。『花鏡《かきょう》』に出てくる言葉で、自分の立場、自分の文脈による「我見」ではなく、**離れたところから他者の目で舞台の上の自分を見るような「離見の見」がなくてはならない**と言っています。

なぜなら、芸というのは結局のところ、お客さんがいかに満足してくれるかが大事なので、そういう客観的で冷静な目をもつことが必要とされる。演者が自分のやりたいようにやっていたのではいけない。世阿弥はそう考えていました。

この視点は、私たちもつねに意識すべきことです。いまの時代は何の仕事でも、顧客へのサービスということを意識しなければなりません。生産者である農家や漁業者のような人たちも、どうすればお客さんに満足してもらえるかを考えて、さまざまな工夫をしています。そういうなかで、私たちも「離見の見」という言葉を知っているだけで、客観的に自分を見直す心の習慣がつけられます。

当時の能役者にとっていちばんの顧客は将軍ですが、将軍だけに気に入られてもダメで、貴族たちにも受け入れられ、面白がってもらえなくてはいけない。いっぽうで一般大衆の目というものも意識していないといけない。お客さんに「新しい」「珍しい」「面白い」と思って感動してもらわなければならない。厳しい競争のなかで、どうしたら顧客満足を得られるのだろうか。どうしたら一門を存続させていくことができるだろうか。

そこでたどりついた答えが「秘すれば花」だったのです。

全部一気に見せきってしまうと、次に新しい、珍しい、面白いと思ってもらえなくなってしまいます。**飽きられないためには、ちょっとずつ見せること――。それが「秘すれば花」の真髄です。**そしてこの教えを一子相伝としてひっそりと伝えていくことにするのです。

この「秘すれば花」というのは、知性の出し方としても参考になるように思います。いろいろなことを知っているからといって、「これでもか」とばかりに出しすぎると、時に嫌みな感じを与えてしまいます。ひけらかすつもりはないけれども、ついこぼれ落ちてしまう、そのくらいの感じがいいのではないでしょうか。

古典のさまざまな味わい方

古典をどのようなかたちで味わうか、少し整理しておきましょう。

まず、**原文・原著で読む**方法があります。

言葉の意味だけでなく、音のリズムも楽しむ。音読に向いています。現代語訳したものを音読しても、元の文章のような味はけっして出ません。ぜひ、声に出して読んでもらいたいと思います。読みにくい、ハードルが高いということならば、先に現代語訳を読んで意味を把握したうえで読むといいと思います。

現代語訳や、翻訳ものを邦訳版で読む方法。

これには、訳のうまさ、わかりやすさというだけでなく、その訳者との相性もあります。たとえば『源氏物語』であれば、じつにいろいろな人が現代語訳をしています。古文の専門家はもちろんのこと、作家でも、谷崎潤一郎版、与謝野晶子《よさのあきこ》版、円地文子《えんちふみこ》版、瀬戸内《せとうち》寂聴《じやくちよう》版、林望《はやしのぞむ》版……。誰の訳で読むかということでも、読破できるかどうかが変わってきます。

第5章でも触れましたが、**わかりやすい解説の力を借りて読む**方法もあります。解説本でざっくりとつかんでから、原文を読む。

たとえば、ＮＨＫ『１００分de名著』で入門して、そのあと、全編自分で読み通してみる。マンガでその世界にひたって興味を深めてから読む方法もありますし、読み替えものなどと併せて読むというやり方もあります。『もしドラ』でドラッカー用語に馴染《なじ》み、マネジメントとはどういうものかをつかんでからドラッカーの著作を読む。マンガの『あさきゆめみし』で人物関係を把握してから『源氏物語』を読む。

オーディオブックで聴くという方法だってあります。

いまの時代、多種多様なかたちで読む方法、楽しむ方法があります。いろいろ試して、自分に合ったかたちを探してみてください。

哲学の「思考の型」を押さえる

古典として学んでおきたいものの一つに、哲学があります。しかし哲学というのは、よくわからない段階で細かいところを気にしはじめると、深い森に入って道に迷ってしまいます。

深く入り込んでいく前に、その哲学的思考の型を押さえておく。その思想のエッセンスをものにしておくといいと思うんですね。

たとえば、ハイデガー的世界観だと、「道具連関」「世界内存在」「時間的存在」といったワードが出てきます。何かは何かの目的のためにつくられていて、世界は全部つながっている、そういうなかで私たちは生きている。バラバラな存在で生きているわけではなくて、自分もすべてのつながりのなかで生きているんだ、というあたりがとりあえずわかればいいわけです。そして、人間は死を意識した存在として時間を捉えている。それをごまかさないで死を覚悟していまを生きることが本来的である。そういう大きな幹になるようなワードを押さえつつ、ひとまとまりの概念として大づかみに理解しておくのがいいのです。

その哲学者の思想の核となるキーワードとともに、概念を把握します。名だたる哲学者については、いい入門書・解説書がいろいろあり、専門家が簡潔に説明してくれています。

そういうものをサッと読んで、イメージを湧かせる。

その上で**覚えたらそれを誰かに話してみる。**

すると、使っていくうちに理解が進んでいきます。

竹田青嗣《たけだせいじ》さんが『自分を知るための哲学入門』（ちくま学芸文庫）に書いていたことですが、学生のころ、サルトルの実存主義が流行し、自分も『存在と無』の三巻本を買ってきて読みはじめたけれど、最後まで読みきれなかった。ただ、サルトルの「対自と即自」「対自と対他」「投企」「自由」などの概念は自分のなかに入って、それらの言葉を使って友人たちと議論しているうちに耳学問で習い覚えた、とありました。

最初から完全に理解しようとするほうが無理です。耳で聞き、自分も口にしているうちに、だんだんその概念への理解が深まっていくのです。

文化とは「何を思考の型とするか」

文化には、そこで人々が何を思考の型としているか、というものが表れます。

たとえば、江戸時代の武士道というのは、儒教の影響を受けたなかで支配者層としての「徳」というものが強調された文化、きわめて倫理観の強い文化です。

殿様が死んだら、「追い腹」といって家来も切腹して殉死するというような世界。『葉隠《はがくれ》』の「武士道と云ふは死ぬ事と見つけたり」というのはそういうなかにあった価値観です。いまの時代にはあり得ない。いまの世の中で「私も肚《はら》を搔《か》っ切って殿のおそばに参る」というのが通るものではありませんから、そこに共感性を見つけようとするのはなかなか難しい。

しかし、『葉隠』を自分の古典にすることはできます。**「死ぬ事と見つけたり」とは、覚悟の定め方を説いているんだと考えると、いまに活かすことはできる**わけです。人として潔く生きるとはどういうことか、捨て身になるとはどういうことか、何をもって恥と捉えていたのか、そういう精神性を汲み取ることができるのです。

『葉隠』は肥前《ひぜん》藩士、山本常朝《やまもとつねとも》の談話を筆録したものです。山本常朝は、追い腹を切ろうとしてそれを止められ、早くに引退すると、その後は実は長生きをした人物で、「我人、生くる事が好きなり」とも言っています。そういう意味でも、『葉隠』は死に急ぐことを勧めているようなものではないのです。

その時代時代の価値観というものは、いまのように人権意識の発達した時代の感覚では測れないところもあります。

江戸時代の日本は、長らく平和が保たれており、国内的には文化もかなり成熟していました。なにより、支配者である武士階級が強欲でなかったことは特筆すべきです。支配階級は富裕層というのが一般的な社会構造ですが、江戸時代は商人のほうが経済力がありました。「武士は食わねど高楊枝《たかようじ》」というのは、高い倫理観があったがゆえの不思議な構造だったといえます。

かつては、江戸時代の農民は激しい搾取に遭っていたというのが通説になっていましたが、近年の研究によれば、暮らしぶりはそれほどひどくはなかったという説も出てきています。身分制がきつく人権意識がない世の中ですからいい時代だったとはいえませんが、それなりにバランスのとれた社会だったということはできるかもしれません。

生きることにもっと覚悟を据えなさいという内容だと考えて読めば、『葉隠』から現代の私たちが活かせることもたくさんあるのです。

違いを受け入れる

死というものをどのように受けとめるか、死者をどう弔うかというのは、文化によって隔たりのあるところです。

死を悲しみ、悼むところが多いのですが、なかには死を笑い飛ばそうとする習慣があるところもあります。

たとえばメキシコには「死者の日」というのがあって、骸骨《がいこつ》の人形などが飾られ、盛大な祭りが行われます。死を恐れなくするという意味があるようで、メキシコの人にとって死とは「生の象徴」らしいんですね。そういう独特の死生観があるようです。

民族や国ごとに文化があり、異なる価値観があります。異文化に生きる人たちと融和をはかって共存していくためには、お互いに理解しようとすることは不可欠です。

以前、イスラム教徒から非常にショックだったこととして次のような話を聞いたことがあります。その人は、日本のラーメンがとても好きだったのですが、あるとき「たいへんなことをしてしまった」と気づいたんだそうです。あの美味《おい》しいラーメンの出汁《だし》が、豚骨からとられていることを教えられ、「豚骨？　あれは豚だったのか……しまった！」ともすごいショックを受けた。知らなかったとはいえ、戒律を破ってしまったことへの強い自責の念に駆られたといいます。

最近、レストランなどで「ハラール」というイスラムの流儀に則《のっと》った調理法でつくっているというシールが貼ってあるのを見ると、私は「ああ、これなら安心だろうな」と思います。あれは他文化に対する一つの優しさだと思います。

相手の文脈でものを考えられ、それを理解することができれば、異文化に生きる人にとって居心地のよい方法を考えられるようになるのです。知性というのは、そうやって磨き、そうやって活かしていくものではないでしょうか。

第7章　自分の文脈をもって生きる

暗さにとことん沈潜した時代

私は、大学受験に落ちて、浪人生活を始めるときに静岡から上京しました。1970年代の終わりです。友人たちは大学生として新たな一歩を踏み出しているのに、自分はどこにも所属しない、何者でもない存在。

ではそれが発奮材料となって、せっせと受験勉強に勤《いそ》しんだかというと、そういうわけではありませんでした。「やらなくてはいけない」という気持ちと同じくらい「受験勉強から逃れたい」衝動も強かった。それで、現実から自分を引きはがしてくれる別文脈のワールドにひたる。読書に逃げ込んだのです。

異世界に入り込みたいわけですから、同時代の日本のことを書いたものよりも、海外のもの、時代状況も違うもののほうがいい。私がまず心の友にしたのは、ロマン・ロランの長編小説『ジャン・クリストフ』（豊島与志雄訳　岩波文庫）でした。ベートーヴェンをモデルにしたと思われる音楽家の生涯を描くこの小説は、文庫でも全4巻という大作です。

はまりました。長くこの世界にひたっていたい、読み終わりたくないから、毎晩少しずつ、30ページぐらいずつ、ちびちび読む。

そして、これを読むときには、必ずベートーヴェンの音楽をかける。耳からもその世界観を取り込んで、とことんひたるわけです。いちばんよく合ったのは、やっぱり交響曲第5番、『運命』でした。

ロマン・ロランがこの小説を手がける前に書いた『ベートーヴェンの生涯』（片山敏彦訳　岩波文庫）という評伝があるのですが、それを読んでベートーヴェンの苦悩を知ることで、クリストフのイメージをより深めたりもしていました。

ロマン・ロランは「苦悩の深い不遇な人」つながりの文脈に誘ってくれまして、ミケランジェロ、ゴッホ、そしてドストエフスキーといった人たちの世界へと入り込んでいきます。陽の当たらない地下に潜り、地下坑をぐんぐんたどっていくと暗いワールドの地下水脈に行き当たったという感じで、「地下水脈」系の本をずいぶん読みました。

音楽も、モーツァルトを聴くなら、数少ない短調曲のピアノ協奏曲20番、交響曲25番、40番あたり。とにかく暗いものが自分にフィットするのです。日本語の歌だと、井上陽水《いのうえようすい》さんの『傘がない』とか『つめたい部屋の世界地図』を繰り返し聴いていました。陽水さんの詞が心に迫ってきて、もうたまらない。

重苦しくのしかかる憂鬱《ゆううつ》な現実に対して、楽しくて軽やかなものを求め、笑って発散することも一つの手ではありますが、私はひたすら暗さに沈潜したかったのです。

深い苦悩を抱えた人たちの生きざまに接し、その魂の叫び声に触れることで、「こんななかにあって、なぜこんなふうに考えることができたのか。すごいな」と思う。そしてその「苦悩者列伝」の末席のほうに自分も連なっている、そんなふうに思っていると、不思議と高揚感がありました。

時代とちょっと離れたところに身を置く

自分の置かれている現実の文脈にどっぷりと浸《つ》かって囚《とら》われすぎてしまうと、息苦しくてたまりません。時には**別文脈に心を飛ばして、違う時間を生きる、そのような部分があったほうがいい**のです。

たとえば、そのころの私には、戦前まであった旧制高校への憧《あこが》れも強くありました。旧帝大の予科という位置づけの旧制高校では、「幅広く教養を学び、人格を涵養《かんよう》する」という学びが行われていて、その気風にとても心惹《ひ》かれていたのです。

大学は落ちたけれども、自分も早くそういう勉強をしたくて仕方ない。それで、受験勉強から逃げたいという現実拒否モードも手伝って、西田幾多郎《にしだきたろう》の著作や、倉田百三《くらたひゃくぞう》の『出家とその弟子』（岩波文庫）や、『三太郎の日記』（阿部次郎　角川文庫）のような旧制高校生のバイブルといわれていたものを読みふけったりもしました。

あるいは、熱い向学心と将来への希望を抱きながらも若い命を散らさなければならなかった出征兵士たちの『きけわだつみのこえ―日本戦没学生の手記』（岩波文庫）や『わがいのち月明に燃ゆ』（林尹夫　ちくま文庫）といったものを読み、「なんと無念だったことか」という思いを抱いたりしていた。

気分は、自分も旧制高校生になったようなつもりでした。「その前に浪人生という文脈を考えろ」という話ですが、こういった別文脈のなかにも、自分とのつながりを感じられる相手がいるというのは、私にとって大いなる慰めであり、心の栄養になりました。**その精神性が自分の心に流れ込んできて、力をもらえて、それで心のバランスがとれていたようなところがあった**のです。

あの地下水脈にひたりきっていた青春期、いま思い返すと、あれはけっして悪くなかったと思えます。

こじらせていた20代

20代は、けっこう迷走人生を送っていました。裁判官になろうと東大法学部に進んだのですが、知れば知るほど、自分の資質が裁判官向きでないとわかってくる。それで方向転換し、学部卒業後、教育学を志して大学院に進みました。

これが、私をその時代の文脈からさらに引き離していくことになります。時はバブル景気で日本中が明るかったころです。そのような時代で就職すれば仕事を通じて社会がどんどん開けていきますが、研究者というのは逆に社会と距離を置いて、ひたすら専門領域の探究に明け暮れるわけです。

そんななかで、すっかり「こじらせて」しまいました。鬱屈した不機嫌時代に突入していってしまいます。しかもこれが長かった。10年ほど続いたのです。いま思い返しても、あれは私の暗黒時代です。

しかし、そんな時代にも、心のバランスを崩して鬱になるとか、人生に嫌気がさして死にたくなるといったことはまったくありませんでした。結婚して家族をもったりもしていましたから、死ぬことなんて考えたこともありませんでした。それは一つには、子ども時代にしっかり遊んでいたことで、自己肯定感の土台がわりと頑丈だったということ、もう一つには、別文脈を生きる先人たちの思考に精神を支えられていたんじゃないかということが考えられます。

心が弱るどころか、「自分と世の中が相容《あいい》れないのは、世の中のほうがおかしいんだ」くらいにさえ思っていました。これなどは夏目漱石にたっぷり影響を受けています。

漱石は、自分は神経衰弱だとよく言っていました。ロンドン留学中に彼はノイローゼになって、「夏目狂セリ」という噂が日本まで流れてきたほどでした。ですから、心が100パーセント強いという人ではないのです。基本は神経質、いろいろ考え込むタイプ。しかし、心が弱っていても、自殺を考えるような方向には向かわないんですね。

自らの神経衰弱と向き合って、「いまの世の中で神経衰弱にならないやつはどうかしている、よっぽど不真面目なやつだろう、自分は真っすぐであるから神経衰弱になるのだ、こんな曲がった世の中で真っすぐに生きようとしたら、神経衰弱になるのが当然だ、自分はこの神経衰弱を生ききってみせる」というようなことを書いています。

漱石の姿勢というのは、真面目であるがゆえに人生を投げ出してしまいたくなる人が増えている現代でも、参考になるものではないでしょうか。

精神性が乗り移ってくる感覚

漱石のこの開き直りのような発想、これは覚悟のもち方、肚《はら》の決め方だともいえるのです。

第2章でも触れましたが、漱石が学習院大学で学生たちに話した『私の個人主義』という講演録があります。そこには、自分がどうやって長年の懊悩《おうのう》から脱して強さを手に入れたかということが語られています。漱石は「自己本位」という言葉を得て、覚悟が定まったと言っていますが、この「自己本位」とは、自己中心的にやるという意味ではなくて、主体的に自分の世界を確立していくぞ、という自立的な姿勢のことです。

どういう文学を目指していったらいいのか、それまで漱石は迷いのなかにいたんですね。もやもやとした霧のなかにいた。しかし、「自己本位」で歩んでいくと覚悟が決まってから、すっきりと心が晴れた。

漱石はその後、「幕末の志士が戦って、戦って、倒れるまで戦い抜いたように、自分も書いて、書いて、倒れるまで書きたい」と言っています。

幕末の志士たちのこの世の中を変えたいという熱い志、それと同じような気概をもって文学と取り組んでいこうとしていたんです。

こういう漱石の精神にも、私は強く心揺さぶられました。励まされました。**漱石の精神性が自分に乗り移ってくる、さらには漱石が「かくありたい」と思っていた幕末の志士たちの精神性も乗り移ってくる**、そんな感覚です。

「私も志士のような気概で、現代の教育に挑もう」という気持ちになっていたものです。

20代の私は、現実の世の中とはなかなかうまくつながることができませんでしたが、孤独でつらいと感じることはありませんでした。**違う時代に、違う文脈に、心を通わせられる偉大な人物がいくらでもいた**からです。

「心」と「精神」の違いとは?

自分が共感、共鳴するものの考え方、影響を受けた精神性のことを、私は「精神の系譜」と呼んでいます。

浪人時代には、私を暗い地下水脈のような文学世界に導いてくれたロマン・ロランの影響力。ベートーヴェンへの畏敬《いけい》もありました。ドストエフスキーとの出会いもありました。

院生時代では、もちろん漱石の名が挙がります。吉田松陰もいます。福沢諭吉もいる。あるいは、ニーチェもゲーテもいる。

自分の心の支柱になるようなものを与えてくれた先人たちの「精神」に、自分もつながっているという考え方。自分はその精神の流れを引き継いでいくというのが「精神の系譜」の意味です。

人の「心」というのは流動的なものです。気質的なものでもありますし、個人的なものでもある。どうあがいても、完全に自分以外の人の気持ちになりきることなどできませんし、そもそも心は、移り変わる天気のようにたえず揺れ動いています。

一方、「精神」というのは多くの人で共有しているものです。

たとえば、武士はメンタルが非常に強かった。それは、武士の精神文化が強固に受け継がれていたからです。武士の家の子として生まれたら、幼いころから「武士としての生き方はかくあるべし」という精神文化、精神の核を叩《たた》き込まれます。武士の精神というのはそうやって培われていました。

武士が死を怖れなかったのも、個々それぞれの心の強さというより、その人のなかに培われてきた精神の核がしっかりしていたからです。その精神が確固として根づいていた人は、死を怖れなかった。身につけた精神性よりも、自分の心の変動のほうが強い人は、つまりは精神の核が核になりきれていなかった人は、いざというときに死を怖れたんじゃやないでしょうか。

これが私の考える「心」と「精神」の違いです。

精神というのは、時代を超えて引き継がれていきます。世の中にはじつにさまざまな精神があります。たとえば、ソクラテスの精神というように生きる姿勢であり、哲学的なものもある。キリスト教の精神、ブッダの精神のように宗教的なものもある。利休《りきゅう》の侘茶《わびちゃ》の精神とか世阿弥の能の精神のように文化芸術的なものもある。高校野球の精神のようなものもある。いずれも集団的なもので、その精神性を引き継ぐ人たちによって受け継がれ、時間を超えてつながれてきているものです。

心を強くしたい、安定させたいと思ったら、何かの「精神」とつながるといいのです。それも一つだけではなく、**複数の精神文化とつながる。**一つの精神だけにのめり込みすぎると、偏りが生じます。そうではなくて、たくさんの支柱を心に立てて、**屋台骨をしっかりさせていく。**

心が弱い、心が不安定なために生きにくいという人は、もしかしたら下支えしてくれる精神文化をあまりもっていないのかもしれません。

「今日はマジ落ち込む」というのは、そのときの心の状態であって、これを友だちとどれだけやりとりしても、心の絆《きずな》は強まっていきません。

友人として何か力になってやりたいと思ったら、

「この本、読んでみたら？　気持ちがラクになるよ」

と教えてあげて、同じ精神文化を共有する、というようなことを試みてはどうでしょうか。

「読んでみた。この言葉、すごく染みるね」

「そう、だったらこういうのもあるよ」

こういうやりとりは積み重なって、互いの絆になっていきます。同じ精神を共有できた者同士だからです。

そして、精神文化を身につけることが、知性を下支えするものになっていくのです。

「精神の系譜」を引く人を3人挙げよ

「あなたが『精神の系譜』として引き継いでいる人を3人挙げてください」

私が学生によく出す課題です。発表するときに、その3人を選んだ理由を必ず説明してもらいます。3人挙げてもらうと、その人が何に価値を感じ、生き方としてどういうものを目指しているのかがわかります。一見脈絡のなさそうな３人でも、その人のフィルターを通したところでつながりが見えてきます。

しかも、学生が40人ぐらいいても、３人とも一致する人物を挙げる、つまり完全に３人が重なることはありません。

ということはどういうことか。「自分らしさって何だろう」「自分のアイデンティティとは何だろう」と自分探しをしなくても、これが自然と自己の存在証明になっているということです。

どんな精神文化をどこから引き継ぐか、そこが個人個人で違うところだからです。

三島由紀夫《みしまゆきお》は、『葉隠』から受け継いだものが大きかった。影響が大きすぎて、切腹してしまいました。しかし、『葉隠』を読み、影響を受けた人がみんな切腹しようと考えるわけではありません。三島の場合は、死に向かうような「精神の系譜」をいくえにも継いでいたといえるでしょう。

「精神の系譜」は、一度決めたらずっとそれで通さなければいけないということはありません。そのときどきでどんどん変わっていくのが自然ですし、また３人と限定しなくてもいい。何人いてもいいと思います。

私で言いますと、中学2年のときに当時角川文庫から出ていた勝海舟《かつかいしゅう》の『氷川清話《ひかわせいわ》』（角川ソフィア文庫）にはまって、1年間この本をずっと持ち歩いていたことがありました。何かにつけて、「勝海舟はこう言っている」という話をして、友人から「またその本か」と言われていました。私の「精神の系譜」のかなり初期段階に、間違いなく勝海舟がいました。

「精神の系譜」というのは、こちらが勝手に私淑するわけです。そういう意味では、自分で選び取るものです。

自分で興味・関心をもって、「すごい人だなあ」「もっと知りたい」と思って、その人の本を読み込んで言葉をたくさん覚えてしまうとか、全集を買う、著作をすべて読むとか、映画なら全作品を観るとか、その人の世界に深くのめり込んでいく経験をすることが大事です。そうやって深く分け入って自分を関わらせていくから、「ああ、この感覚はわかる」「共感できる」「心の師にしたい」「この精神性を受け継ぎたい」と強く思えるようになるのです。

世の中が求めているのは何か

20代の鬱屈した不機嫌時代が長く続いたのは、なかなか研究の成果を出すことができなかったためでもありました。

まだ芽の出ていない研究者というのは、社会から置き去りにされたような存在で、誰からも何も求められないのです。私がやっていたのは、身体論や呼吸法の研究という教育学のなかでも相当主流とかけ離れた領域だったこともあり、関心すらもってもらえない。論文を書き、専門的な内容の本を出しても、誰にも読んでもらえません。想定される読者は20～30人くらいという状況でした。

志は高くても、現実にはまったく伴わない状況でした。30歳になろうというのに、いまだ何者でもない自分。それに比べると、法学部時代の同級生たちは、官僚になったり大手企業に入ったりして第一線でバリバリと仕事をし、成果を出し、どんどん出世しています。何ゆえこんなに差がついてしまったのか。いっそう鬱屈もしよう、不機嫌にもなろうというものです。

東大を出て、大学院の修士、そして博士課程へと進学――。それだけ聞けば学歴を積み上げて最高とされる知を磨き上げたということになりますが、現実はどうだったのか。

誰よりも長く勉強したあげく、30歳を過ぎた私は満期退学のうえで、無職となりました。

コミュニケーションにおいて文脈を把握できることがいかに大事かという話をこの本ではたくさんしてきましたが、そのころまでの私自身は、世の中の文脈がまったくつかめない人間だったのです。

根拠のない自信をもち続けていた私も、さすがにこの状況に焦りました。

そんなときに、観世《かんぜ》寿夫《ひさお》（1925〜1978）さんの『心より心に伝ふる花』という本に出会いました。第一級の能楽師である観世さんが、演者としての立場から世阿弥の考え方を受けとめ、どうしたら世阿弥のいうような能ができるのか思考しているもので、この内容に私は深く感銘を受けました。

とくに、**能のような芸術性の高いものにおいても、「どうしたらお客さんに喜んでいただけるか」ということを真剣に考え、そのためにどうすればいいかを追究しているこ**とに、目から鱗《うろこ》が落ちる思いがしました。私には、お客さんの目線、すなわち世の中のニーズという視点がまったくなかったからです。

発想を切り替えなくてはいけない。「需要があるのは何か」「世の中の人たちが求めているものは何か」ということを考えなければいけないと思ったのです。

二つの転機

発想を変え、態度を変え、私は必死に就職先探しをしました。

そして33歳にして初めて定職に就くことができました。専任講師として明治大学に雇ってもらうことができたのです。

それまでも非常勤で講師をしたりしてはいたのですが、専任として身分が保証され、1年中、学生を前に話をしていられる立場になったのです。自分が社会から必要とされているという感覚をもてることは、こんなに人を落ち着かせ、幸せな気持ちにするのか、と驚きました。

せっかくこういう場を得たからには、学生が話を聞きたくなるような指導をしなければいけないと、私はそれまでのような傲岸不遜《ごうがんふそん》な態度、不機嫌そうな雰囲気を封印することにしました。つとめて笑顔をつくり、明るく上機嫌な態度を心がけようと決めたのです。

そのうちに、ことさら意識しなくても上機嫌が維持できるようになっていきました。いざ話しはじめると、自分がどんどん潑剌《はつらつ》としていき、気分もハイテンションになっていくのです。中学時代から「しゃべくり勉強法」で人に話すことが楽しかった私にとって、教壇に立って「しゃべくり」が発揮できることは、まさに機嫌をよくする装置のようなもの。

これは天職でした。

もう一つ、転機がありました。出版です。世の中の文脈に沿えるようになってくると、私のところにも出版依頼が舞い込むようになりました。読者が数十人の教訓をいやというほど思い知っていますから、「需要があるのは何か」「世の中の人たちが求めているものは何か」という視点で企画を考えました。その道のプロである編集者の方たちのアドバイスにも謙虚に耳を傾けました。

そんななかで、ある出版社に一つの企画を出しました。以前から音読教育の必要性を強く感じていたのですが、子どもも大人も読めるいい音読テキストが世の中にはありませんでした。いい文章をたくさん集めた音読テキストがあればいいのに、と考えていたので、その提案をしたのです。

この趣旨に共感していただき、世に出してもらえたのが、『声に出して読みたい日本語』（草思社）でした。

これも、観世さんの本を読んだあのとき、「需要があるのは何か」「世の中の人たちが求めているものは何か」が肝心だということに気づけていなかったら、思いつかなかった企画です。ドラッカーも「顧客満足が大事」と言っていますが、**需要から出発するという発**

想に変えたことで、世界が一気に転換したのです。

「求められることに応える」という文脈

『声に出して読みたい日本語』が多くの人に受け入れられるようになると、私のところには「日本語」にまつわるオファーが急増するようになりました。私は教育論、身体論をやってきた人間で、日本語の専門家ではありません。初めのうちは「これは文脈が違う」と思い、「自分の専門は教育学ですから、日本語の専門家のように紹介されるのはちょっと違います」と訂正したり、場合によっては断ったりしていました。

けれども、そのうちに考え直すようになったのです。私自身は「声に出して読む」ことの教育的意義に関する専門家というつもりでも、世の中的には「日本語」の本を出している学者という認識です。「これが本職だ」「これは本職ではない」と思っているのは自分だけなのです。

自分が意図していた文脈から若干はずれているとしても、人が期待している文脈があって、そこが求められているのであったら、そこに向けて用意すればいいんじゃないか。日本語についていろいろ勉強して、そのニーズに応《こた》えられるようにすればいいじゃないかと思い直すようになったのです。

そう考えるようになったら、肚も据わって、いろいろやりやすくなりました。

「求められることに応える」というのはとても大切なことで、それこそが筋のいい文脈なのです。

「求められること」と自分の思いが食い違うのはよくあることです。

たとえば、高校時代にはエースで4番を打っていた人が、プロ野球選手としては勝負できる水準にないということもあります。プロとして生き抜いていくためには、何か自分の武器をもたなければいけません。たとえばバントをやらないかと言われる。バントだけがうまくてプロのドラフトにかかる人というのはいないので、需要があります。チームにバントのうまい人がいないのであったら、求められたことに応えて、バントのうまい選手になる。——これは、チームの成果を上げるためにも、自分自身の成果のためにも、賢明な判断です。筋のいい文脈だといえます。実際、日本一のバント職人であった巨人の川相《かわい》昌《まさ》弘《ひろ》選手は、同年代の選手のなかでもっとも長く現役生活を送りました。

ところが、仕事の意味を「自己実現」のように考えていると、その文脈に乗れない場合があります。「やっぱり自分は長打の選手としてがんばりたい」という思いがあると、踏ん切りがつかなかったりする。「だったら、もうプロをやめますか」という話になって、いっそう文脈から離れていきます。

私たちは社会のなかで生きています。活躍の場というのは、さまざまな出会いのなかで人から与えられるもの。**文脈とは、多くは世の中のほうが握っていて、その文脈にどう乗るか**が大切です。

「自分がやりたいこと」ではなく、「人から求められていることにどう応えるか」が大事だという意識をもったほうが道は開けていきます。

世の中の文脈にどう乗るか

「それは私の専門外ですからちょっと……」と言うのは簡単です。しかし、それは文脈を断ち切ろうとすることです。つながって、つながって、どんどん広がっていく川の流れを止めてしまうようなこと。**「ここまでが私のテリトリーです」というような意識を外して、自分の枠を広げたら、受け入れられる**んです。

私も、「日本語」にまつわるオファーもどんどん引き受けようということにしたら、仕事の流れが一気に広がりました。

NHKの『にほんごであそぼ』のような、子どもが遊び感覚で楽しく言葉を覚える番組の総合指導ができたのもうれしい収穫でした。

若いころに読んで「なるほどな」と思っていた本に、ヨハン・ホイジンガの『ホモ・ルーデンス』（高橋英夫訳　中公文庫）があります。「遊ぶから人間なんだ」という主張で、人と遊びの関係が書かれています。「遊びは文化よりも古い」「すべて遊びなり」という。これを読んでから、さまざまな活動を遊びのようにできないかということを考えていました。「受験勉強も遊びのようにできないか」「英語も遊びのように覚えられないか」、そういう発想があったのです。

ですから、あの番組を通じて、楽しく遊びながら、声に出して、言葉を身につけるという学びの手法を、教育学者として世の中に伝えることができたのは、私としてはとても幸せな体験でした。

大学時代、裁判官の道に進むのを断念して、ではどんな道に進もうかと考えていたときに、NHKの番組制作の仕事はどうだろうかと考えてみたことがありました。結局、教育学をやろうと決めたのでNHKの試験を受けることもなかったのですが、『にほんごであそぼ』でNHKの番組制作に携わることができたときには、「こういう叶《かな》え方もあるんだな」と思い、人生なかなか面白いものだと思いました。

本の出版にしても、一つの本をつくっていると、そのつながりで「そういえば、これはどうなっているんだろう」「これ、おかしくないか？」と新しい疑問や気づきが必ずいくつか出てきます。その文脈から、次の本のアイデアが出てくるのです。

文脈が自分のほうに流れてくる、仕事の流れが来るようになるというのは、自分で文脈をつくるというよりは、流れを引き込みやすくすることなのだと思います。

「いま、この文脈で活《い》かせる自分の力は何なのか」「この局面で自分にできることは何か」と考える。

その「できること」にエネルギーを集中投下する。バントが求められているなら、「よし、バント名人になってやる」という意気込みでバントの練習を徹底的にして、自分の強みといえるところまで高めていく。

強みになると自信がつきます。自信があると期待され、それがチャンスを引き寄せる。

自分にできることを広げたり、強化していったりすることで、文脈に通じやすくなる。

すると、文脈に乗りやすくなるのです。

人との出会いが人生を広げてくれる

人との出会いとは、互いの文脈同士が触れ合うことです。相手と自分の文脈がどう絡み合っていくのか。

出会った人が広げてくれます。**たくさんの出会いを経験し、相手といい文脈を結ぼうとすることで、自分の人生の文脈も開かれていく**のです。

漫画家の赤塚不二夫《あかつかふじお》さんが亡くなったときに、タモリさんの弔辞が話題になりました。

「私もあなたの数多くの作品の一つです」

この言葉は、二人のつながりがどういうものであったのか、タモリさんにとって赤塚さんがどういう存在であったのかを非常によく表していました。

(前略) 赤塚不二夫が来た。あれが赤塚不二夫だ。私を見ている。

この突然の出来事で、重大なことに、私はあがることすらできませんでした。終わって私のところにやってきたあなたは、「きみは面白い。お笑いの世界に入れ。8月の終わりに僕の番組があるからそれに出ろ。それまでは住むところがないから、私のマンションにいろ」と、こう言いました。自分の人生にも他人の人生にも影響を及ぼすような大きな決断を、この人はこの場でしたのです。それにも度肝を抜かれました。（中略）あなたは私の父のようであり、兄のようであり、そして時折見せるあの底抜けに無邪気な笑顔は、はるか年下の弟のようでもありました。あなたは生活すべてがギャグでした。たこちゃん（たこ八郎さん）の葬儀の時に、大きく笑いながらも目からはぼろぼろと涙がこぼれ落ち、出棺の時、たこちゃんの額をぴしゃりと叩いては、「この野郎、逝きやがった」と、また高笑いしながら大きな涙を流していました。あなたはギャグによって物事を無化していったのです。

（中略）私は人生で初めて読む弔辞が、あなたへのものとは夢想だにしませんでした。私はあなたに生前お世話になりながら、一言もお礼を言ったことがありません。それは肉親以上の関係であるあなたとの間に、お礼を言う時に漂う他人行儀な雰囲気がたまらなかったのです。あなたも同じ考えだということを、他人を通じて知りました。しかし、今、お礼を言わさしていただきます。赤塚先生、本当にお世話になりました。ありがとうございました。私もあなたの数多くの作品の一つです。合掌。

この弔辞が話題になったのは、タモリさんが弔辞として手にしていたのは白紙だった、つまりその場で即興的に「語った」ものだったというところにもありました。

自分を芸人として見出《みいだ》してくれた人への別れの挨拶《あいさつ》、だからこそタモリさんは用意したものを読むのではなく、「話しかけたかった」のでしょう。二人の人生で絡み合ってきた文脈の濃さ、深さが窺《うかが》われます。

このタモリさんの白紙の弔辞のエピソードは、『勧進帳《かんじんちょう》』のようだといわれています。『勧進帳』とは歌舞伎の有名な演目の一つで、平泉《ひらいずみ》に向かう源《みなもとの》義経《よしつね》と弁慶《べんけい》ら一行が、関所を越えるために山伏に扮《ふん》し、弁慶が白紙の巻物をあたかも勧進帳が書かれているかのように読み上げて、関所の役人たちに信じさせる話です。

「あの弔辞は『勧進帳』だよね」、これで話が通じるのが文脈力の高い人、知性のある人です。

誰も一人で生きてはいない

他者との出会いも文脈、自分が生きてきた個人史も文脈、その背景にある「精神の系譜」も文脈、「この国にいま生きている」というのも文脈……、すべて文脈に基づいています。

自分の力でなんとかできるように思うから、「どうしてうまくいかないんだ」「こんなはずではないのに」と悩むことになるのです。生きていくということは自分一人の力などではないんだと気づくことができると、自分の力を過信することもなくなります。物事の結果に一喜一憂しなくなります。肩の力を抜くことができます。

たとえば、就活に励んだものの、不採用を知らせる「お祈りメール」ばかりが何通も届く。心が折れると学生たちが言います。自分はそんなにダメな人間なのかと自信を喪失して落ち込みます。

しかしこれも考えようで、自分がアピールしたことと、会社が求めていたこととの文脈がつながらなかっただけ。人間としてダメだと否定されたわけではありません。相手と自分の文脈が、残念ながらうまくつながらなかっただけなのです。

そこをクヨクヨ考えても仕方ないので、「縁がなかったのだ」と思ってふっきり、次はどうしたらうまく縁を結べるか、文脈をつなげられるかということを考えたほうがいいのです。

自信も大事、自己アピールも大事です。しかし、自分としては納得いくアピールができたとしても、それはあくまでも自分の文脈、それが先方の文脈に合うかはわからない。ですから、「自分としてのベストは尽くす、しかし『縁がない』こともある」という発想に切り替えてメンタルを保っていくのがいいのではないでしょうか。

おわりに

本書は文脈力をテーマに、知的な思考、会話、そして人生について述べてきました。「つなげて考える」ということで加えて実行していただきたいのは、海外の作品に積極的に触れるということです。

近年、「若者の〇〇離れ」といったことが叫ばれ、その中には翻訳書や洋楽、洋画なども挙げられています。その考察として「海外への憧れが失われたから」などといった理由が指摘されていますが、そもそも若い人に限らず、話題作へ関心が集中し、現代の日本人向けでない作品にはあまり目が向けられなくなっているように思います。

ですが違う文化のなじみの薄い表現に触れてその差異を楽しめるようになると、文脈力もつきますし、より一層人生が豊かになります。

とりわけ洋画は誰がどういった役割の人物か、どういった場面に切り替わったのかが入り組んでおり、加えてさまざまな人種の人が出演していて、すぐには登場人物の関係がわからない作品も多々あります。私はほぼ毎日映画を観ていますが、それでも伏線や関係性に気づかず、巻き戻しをして確認しながら観ることも少なくありません。

その相関を瞬時に読み取り、場面の意図を汲み取るには訓練が必要ですが、それができると**洋画は最高のエンターテイメント**になります。また遠く離れた世界の風景が出てくる映像、語られる外国語、字幕の日本語を瞬時に組み合わせるという行為は、難解であるがゆえに、頭を活性化するには最適なものになりえるのです。

文脈力を鍛える上でお勧めしたい洋画を三つあげるとすれば、『ホテル・ニューハンプシャー』、『ユージュアル・サスペクツ』、『サスペクツ・ダイアリー』でしょうか。ぜひ一度観てみてください。

翻訳書も文脈力を身につけるうえではうってつけです。

そもそも翻訳という行為自体が、違う世界の話を日本人になじみやすくするうえでなされる非常に高度な芸術の一つです。原文に忠実に訳すと日本語としては美しくない場合もあり（第2章の米原万理さんの言葉でいえば「貞淑な醜女《ブス》」）、かといって日本語的な美しさやわかりやすさを優先してしまうと、ときに原文の意図から飛躍しすぎてしまう（同じく「不実な美女」）ことも少なくありません。

そういった翻訳者による研鑽された言葉選びを経て、翻訳書は出版されています。

私はドン・ウィンズロウの作品が大好きなのですが、彼の作品ではアメリカやメキシコを舞台にさまざまな人物がからみあって壮大なストーリーが展開します。日本のミステリにも素晴らしいものはたくさんありますが、こと話のスケールの大きさという点においては、高野《たかの》和明《かずあき》さんによる『ジェノサイド』（角川文庫）ぐらいしか比肩するものが思いつきません。同じくウィンズロウファンの教え子がいますが、いまでも新刊が出れば互いに読んだ感想を伝え合っています。

ウィンズロウの代表作でもある『犬の力』（角川文庫）の翻訳を手掛けたのは、東江《あがりえ》一紀《かずき》さん。この方の訳は本当に素晴らしく表情豊かな表現が至る所に見受けられ、後輩の翻訳者の方たちからは畏敬の念をもって「ことばの魔術師」とも称されていたといいます。惜しくも近年亡くなられましたが、今後は私も東江さんの他の訳書にも手を伸ばしていきたいと思っています。

「つなげて話す」ということに関して、現代における知性の働きとしてもっとも大切なことは、的確に言葉を紡げることではないかと述べてきました。

そのような意味で、第一線で活躍している芸人のみなさんは、過去の偉人たちに決してひけをとらない知性の持ち主だと考えています。

芸人ではありませんが、『夢をかなえるゾウ』（飛鳥新社）を書かれた作家の水野《みずの》敬也《けいや》さんも、文脈力のある、現代的な知性がある人の一人でしょう。

水野さんといえば恋愛マニュアル本の大家でもありますが、『LOVE理論』（文響社）は女性目線から説いた男性向けの恋愛マニュアル本、『スパルタ婚活塾』（文響社）は男性目線から説く女性向けの恋愛マニュアル本になっています。この構成には第6章で紹介した世阿弥の「離見の見」が見事に活《い》かされています。

また実用書というのは、えてして自分の成功体験にとどまっていて本当の意味で実用性に欠けるものも少なくありませんが、マニュアル本を徹底的に読んでこられたという水野さんは、そのノウハウから選りすぐったものを現代的にアレンジされ、具体的に紹介されています。その結果、この二冊はベストセラーとなり、ドラマ化もされました。

また、水野さんはかわいい犬や猫の写真に癒されたいという時代の文脈を読み取り、そういった写真と一言メッセージを掛けあわせた『人生はワンチャンス！』（文響社）という本を企画し、シリーズ累計で１９４万部（２０１６年9月現在）を発行しています。

そのような実績を出しながらも、水野さんはいつも自虐を織り交ぜたユーモアあふれる文章を書かれます。

現代ではどんなに良いことを言っていても、面白く話せなければ、相手に聞いてもらうことはできません。

水野さんの知性の活かし方は、現代社会を生きる上で非常に参考になるものではないかと思います。

最後に「つなげて生きる」ということに触れて本書を終えたいと思います。

知性がある人は、何かことが起きたときに右往左往しない力を持っている人です。混乱してわけのわからないことを言ったりやったりしない。頭の整理ができていて、いろいろな問題をごちゃ混ぜにしていない。どうすればいいのか、冷静に筋道立てて考えることができる。知性のある人はそういう思考ができる人です。

知性を磨くと、判断力が高まります。それは、いろいろな知識があって、「この場合はこう考えるのがいい」という判断の基準をたくさん知っていることで、さまざまな思考の型を武器として、柔軟に対処方法が考えることができるからです。

知性を磨くと、勇気が湧きます。多くの「精神の系譜」に下支えされているので、心の屋台骨が揺るぎにくくなります。また、筋道立てて冷静に物事を捉えられるため、先の展開の予測がつきやすく、新しいことへの挑戦に対しても不安が少なくなります。勇気のある人はチャンスをものにするので、いっそう新しい世界が開けます。

知性を磨くと、優しくなれます。知性が高まり、さまざまな文脈を理解できるようになることで、差別・偏見に対して踏みとどまる理性が働くようになるからです。いろいろな物事を理解し、問題意識をもって対応しようとする人が増えれば増えるほど、社会も安定して、人に優しい社会になっていきます。

『論語』に「知者は惑わず、仁者は憂えず、勇者は懼れず」という言葉があります。孔子は「知・仁・勇」、この三つの徳を重視し、一つだけではいけない、これらを併せ持てと説きました。

知性というと、とかくこの「知者は惑わず」の「知」の部分をイメージしやすいわけですが、本当の知性とはもっと総合的なものだと私は思うのです。

本当の知性のある人が増えれば、人はもっと幸せになります。世の中はもっとよくなります。

だから、人間は知的であろうとすることを放棄してはならないのです。

本書が形になるに当たっては、阿部久美子さん、そしてＫＡＤＯＫＡＷＡの藏本淳さんにお世話になりました。お二人とも様々なことに関心をお持ちで、知的な会話を楽しみながら本をつくることができました。ありがとうございました。

齋藤 孝（さいとう・たかし）
1960年静岡県生まれ。東京大学法学部卒業。同大学大学院教育学研究科博士課程などを経て、現在明治大学文学部教授。専門は教育学、身体論、コミュニケーション論。著書に、『語彙力こそが教養である』『呼吸入門』『上機嫌の作法』『三色ボールペン情報活用術』（以上、角川新書）、『だれでも書ける最高の読書感想文』『受験のキモは3日で身につく』（以上、角川文庫）、『声に出して読みたい日本語』（草思社）、『雑談力が上がる話し方』（ダイヤモンド社）など多数。

文脈力《ぶんみやくりよく》こそが知性《ちせい》である

齋藤《さいとう》 孝《たかし》

2017年 2月10日 初版発行
2024年10月20日 3版発行

◆◇◇

発行者 山下直久
発 行 株式会社KADOKAWA
〒102-8177 東京都千代田区富士見2-13-3
電話 0570-002-301（ナビダイヤル）

編集協力 阿部久美子
装 丁 者 緒方修一（ラーフイン・ワークショップ）
ロゴデザイン good design company
オビデザイン Zapp! 白金正之
印 刷 所 株式会社KADOKAWA
製 本 所 株式会社KADOKAWA

角川新書
 ISBN978-4-04-082129-0 C0295

KADOKAWAの新書 ❦ 好評既刊

アホノミクス完全崩壊に備えよ
浜　矩子

安倍政権は「新・三本の矢」を打ち出し、タッグを組む黒田日銀総裁は「マイナス金利」というウラ技まで繰り出した。しかし、国民の生活は一向に良くならず、もはやアホノミクスが取り繕う〝上げ底経済〟は破綻寸前。崩落に巻き込まれないための救済策は!?

消費税が社会保障を破壊する
伊藤周平

社会保障の充実が目的とされる消費税。だが、現実は充実どころか削減が続く。日本の消費税は実は貧困と格差を拡大する欠陥税制なのだ。真実を明らかにしつつ、社会保障改革と税制改革のあるべき姿を提示する。

真面目に生きると損をする
池田清彦

長生きは良いことか。地球温暖化は本当か。働き者はナマケモノよりも偉いのか——避けられない身近な諸問題を、独自のマイノリティ視点で一刀両断。正論や常識のウラに隠された偽善を見抜き、ジタバタせず楽しく生きる心構えを教える。

風水師が食い尽くす中国共産党
富坂　聰

思想統制を敷く中国では、共産党公認の宗教以外は広く弾圧の対象だ。しかし、それを取り締まる側の権力者たちが〝特殊能力者〟に取り込まれていることが明らかになってきた。権力中枢の知られざる一面に光を当てる。

こだわりバカ
川上徹也

飲食店の〈こだわり〉、大学の〈未来を拓く〉、企業の〈イノベーション〉…いま、日本中に似たり寄ったりで響かない「空気コピー」が蔓延している！　コピーライターが教える、本当に「選ばれる」言葉の創り方。